トランスジェンダーの心理学

多様な性同一性の発達メカニズムと形成

佐々木 掌子

晃 洋 書 房

トランスジェンダーの心理学

多様な性同一性の発達メカニズムと形成

....

もくじ

序_章

「ある性別として生きる」
とはどういうことか

――新たな性別観呈示のために

はじめに——性別を決定する基準は何か

　人間の性別を決める基準は何であろうか。多くの研究者によってその議論が交わされているものの，現在のところ合意に至る基準があるわけではない。これは，「身体的性別」という一見明白に思われることでさえ，同様である。

　オリンピックでの性別検査は，古くは医師による性器の診察と内診にはじまったが，その後，性染色体検査が導入され，今ではその性染色体検査でさえも医学的メリットがないためすでに行われず，2011年より，特定の選手についてオリンピック委員会による書面での請求があったときにのみ，血液中のテストステロンのレベルを測定するという変遷を遂げている。

　性染色体検査の無意味性について挙げられる例としては，典型男性性染色体 XY 型でアンドロゲン不応症（Androgen Insensitivity Syndrome: AIS）をもつ女性選手の話が有名である。女性アイデンティティをもつこうした女性選手たちが，性染色体検査により突然「あなたは男性だ」と言い渡され，さらには女子選手登録までも抹消されたという事態がかつて起こったのである。アンドロゲン不応症をもつ女子競技選手は，一説によると500〜600人に1人の割合で見出されるともいわれている。「こうした例により，私たちはセックスの自明性が捏造されていく一端を垣間見ることができる」と東（2003）はいう。

　たとえば XY 染色体1点，精巣1点，睾丸1点，陰茎1点，髭1点，高身長1点，肌のきめの粗さ1点……と身体的に男性であることが加点方式で決まるのであろうか。あらためて「身体的に男性」とはどの状態を指すのかと立ち返ってみると，そこには明白かつ明確な基準が実際は存在しないということがわかる。

　性器の解剖学的な相違は宿命であると Freud（1925）は説き，臨界期で確立したジェンダー・アイデンティティはその後も変わらないと Money（1975）は主張した。そして Kohlberg（1966）は，性別の認知発達が成熟すれば，スキーマに沿って性役割を習得すると論じた。心理学の主要理論は，その方法論の限界もあいまって出生後の環境を問題視してきたのである。

しかし，性的自己の形成に眼を向け人間存在を捉えるとき，観念的，心理的，社会的な部分だけに光を当て，「性」にどのような生物学的な要因が絡んでいるのかを検討しなければ，学術的に偏った探究となる。性的自己の形成にかかわる多くの要因を統合することこそ，われわれがそれを捉える最善の方法であろう。[1)]

　本書は，Money などが手がけた性別の非典型性を示す人たちを対象にして発展してきた性科学の知見の流れを汲み，性別違和をもつ人や割り当てられた性別とは異なる性別で生きている人たちに着目する。こうした研究は，「ある性別として生きるとは何か」を照射し，深淵を掘り起こす。個人の濃淡はあるものの，誰もが性的存在として，ある性別を生きている。「ある性別として生きる」ということが，すべての人がかかわる問題であることを念頭に，その多様な性別のあり方がどのような発達メカニズムで起こり，そしてどのように形成されていくのかについて，考えていきたい。

1 多様な性に関する諸概念

　多様な性のあり方に関しては，類似概念が数多あるため，それが理解の混乱をもたらしていることがある。そこで本論に入る前に，まずは本書で取り扱う性の概念について，整理をする。ここでは ① 性のカテゴリの視点，と ② 性の構成要素の視点という 2 つの視点を挙げる。本書ではいずれの視点も排除せずに，性の多様性に迫りたい。

（1）　性のカテゴリの視点による用語解説

　私たちは混沌とした多様な世界を捉えるために，カテゴリ化によって物事を単純化し，整理し，知覚可能にすることで，外界への適応を図っている。カテゴリ化は，ヒトの適応にとって必要不可欠な認知プロセスである。セクシュアリティに関しても，さまざまなカテゴリが存在しているが，カテゴリ化によっ

て秩序立てた理解が促進され，人を個人として捉える複雑な理解から解放される。このように認知的負荷が低減されると「スムーズな判断」や「理解し得た」という快感を得ることができる。こうした側面は，カテゴリの「功」である。男性にも女性にも性的な魅力をまったく感じないという人が，その状態に「エイセクシュアル（無性愛：Asexual）」というカテゴリが付与されていることを知れば，多少なりとも安堵感を得ることができるかもしれない。同様に，他者もそのような人と接した時，カテゴリを知ることで安堵感を得ることができるだろう。カテゴリは思考の節約となるので，簡便である。このように，私たちは，カテゴリを欲する。

　一方，「罪」の側面にも触れたい。カテゴリは，大雑把な区分である。人の数だけあるセクシュアリティを"場合分け"すると無数にのぼることは，人のセクシュアリティの豊かさを思えば，当然のことである。たとえば前述のように「エイセクシュアル」だと自己認識した人が，あなたに「マスターベーションをするとき，誰かと自分がセックスしているファンタジーを抱くこともある」と語り始めたらどうであろうか。個人の性現象が捨象されカテゴリ化されることで，実際のその人の性のありようを丁寧に繊細に捉えられなくなることがわかる。カテゴリに拘泥すると，「ぴったりとカテゴリに当てはめる」ことが最優先課題となり，無理にでもカテゴリ内に落とし込もうとしてしまう。セクシュアリティ理解としては本末転倒だろう。このように，カテゴリには功罪があり，カテゴリ存在は簡便性や安堵感を与える一方で，カテゴリ拘泥は真実との隔たりや混乱をもたらすことがある。

LGBT/LGBTTIQQ2SA/LGBTQQIAAP
　それでは，カテゴリの功罪を踏まえた上で，多様な性のカテゴリを紹介する。性的マイノリティのカテゴリとしてよく知られているのが「LGBT」という用語である。これらカテゴリは医療概念ではなく，当事者が自分自身を自己定義するための用語として欧米社会で使用され，それによって政策や活動が活発化されていった。

Lは，Lesbian（レズビアン）の頭文字であり，同性愛女性を指す。

Gは，Gay（ゲイ）の頭文字であり，同性愛男性を指す。

Bは，Bisexual（バイセクシュアル）の頭文字であり，両性愛者を指す。

Tは，Transgender（トランスジェンダー）の頭文字であり，割り当てられた性別とは異なる性別に帰属する者を指す。

この4カテゴリは，欧米のさまざまな性的マイノリティ運動において，可視性の高い集団であったことから頭文字として挙がってきたものだが，カテゴリは当事者が声を上げ，定義をすることにより，増加していくものである。その後，たとえばカナダのトロントでは，LGBTTIQQ2SAとコミュニティペーパーなどに記されるようになった。

Tは，Transsexual（トランスセクシュアル）の頭文字であり，割り当てられた性別とは異なる性別へ移行をし，さらに性別適合手術を受けている者を指す。

Iは，Intersex（インターセックス）の頭文字であり，身体的性別の分化が非典型である者を指す。

Qは，Questioning（クエスチョニング）の頭文字であり，自分のセクシュアリティを探求中の者を指す。

Qは，Queer（クィア）の頭文字であり，「クィア（変態）」という意味をあえて逆手に取り自己規定をする者を指す。

2Sは，Two-Spirit（トゥースピリット）の頭文字であり，北米先住民のコミュニティにおける，男女両方の魂をもつ者を指す。

Aは Allies（アライ）の頭文字であり，ストレート（シスジェンダー[2]であり異性愛者である者[3]）のように，当事者性をもたないと表明する者の中で，多様な性に対する平等性への支持をする者を指す。

他にもたとえば，LGBTQQIAAPという表現も挙げられる。LGBTQQIAまでは前述の通りである。

A は Asexual（エイセクシュアル）の頭文字であり，性愛や恋愛の感情を他者にもたない，無性愛者を指す。

P は Pansexual（パンセクシュアル）の頭文字であり，全性愛者を指す。両性愛者と異なり，性別二分法的に性的魅力を感じるわけではなく，性別を決めていない人や曖昧な人も含めて魅力を感じることがある者を指す。

　現在，さらに頭文字が増え続けている。セクシュアリティをめぐる自己規定カテゴリがいかに多数存在するかがわかる。

　また，LGBT 以外の頭文字で捉えなおす試みもある。たとえば，SOGI（Sexual Orientation and Gender Identity: 性的指向及び性同一性。「エス・オー・ジー・アイ」あるいは「ソジ」の発音が一般的）が挙げられ，性的指向と性同一性の多様性を表現するために使われている。これは，性的マイノリティと性的マジョリティを対比させることへの疑義から，すべての人が多様な性の一員であることを示すために用いられるものである。こうした性の要素によるセクシュアリティ理解については，次項で解説する。

（2）　性の要素の視点による用語解説

　前項でカテゴリを紹介したが，たとえば，男性から女性に性別移行をした人の中で，女性に性的魅力を感じる人がいるように，カテゴリを重複してアイデンティティをもつこともある。この場合は，レズビアン（L）のトランスジェンダー（T）女性ということになる。また，「女性に性的魅力を感じる」とひとことでいっても，「どのような状況でも，幼少期から現在に至るまで変わらず女性に向くのか」，という視点で捉えなおしたとき，カテゴリ理解よりも性の構成要素という観点から，その各構成要素の強弱や濃淡によって理解することのほうが，個人のセクシュアリティの実際により迫ることができるだろう。

　そこで，本書では，性の構成要素という視点をとりあげる（図1）。また，これら性の構成要素は，いずれも独立概念である。以下では，これらの組み合わせの濃淡が個人によってそれぞれ異なることをもって，2人として同じセク

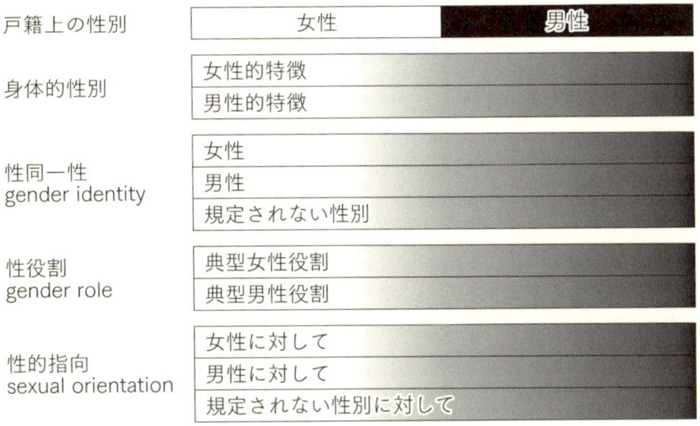

戸籍上の性別	女性	**男性**
身体的性別	女性的特徴	
	男性的特徴	
性同一性 gender identity	女性	
	男性	
	規定されない性別	
性役割 gender role	典型女性役割	
	典型男性役割	
性的指向 sexual orientation	女性に対して	
	男性に対して	
	規定されない性別に対して	

図1　性の構成要素

シュアリティをもつ者は存在しないという意味での「性の多様性」について述べていく。

　なお，図1にあるように，戸籍上の性別は唯一，「男性」あるいは「女性」の2つしかなく[4]，またそこにグラデーションは存在しない。

身体的性別：非典型の場合，「性分化疾患」

　身体的性別とは，性染色体，生殖腺，ホルモン，内性器，外性器などの性的特徴を指す。「身体的性別は男性」「身体的性別は女性」と質的に捉えることが一般的だが，これらの身体的性別の要素もまた，量的・連続的に捉えうるものがある。たとえば，一般に女性ホルモンといわれるエストロゲンは女性にしか分泌されていないわけでもなければ，一般に男性ホルモンといわれるアンドロゲンは男性にしか分泌されていないわけでもない。さらにはその量的なバランスにも個人差がある。また，陰茎（ペニス）と陰核（クリトリス）の関係についても，解剖学的には同じ組織であるため，どこからが小さな陰茎で，どこからが大きな陰核なのかという閾値は社会の合意であり，生物学的合意ではない。

　性染色体についても，XX 典型女性型と XY 典型男性型ばかりではなく，XXY や XXX や XYY や，X が1つであるケース，XX と XY のモザイクである場合もある。このように，性染色体情報だけでもさまざまなパターンが存在

している。その他，生殖腺が精管や前立腺として生成しているのか，卵管なのか，未分化なのか，子宮・卵巣・精巣のうち，どれをもっているのか，すべてもっているのかなど，列挙するだけでも枚挙に暇がない。

　身体的性別を厳密に考える場合，医療機関での身体性別検査の結果を待たねば正確には判断できない。受検経験をもつ人のほうが少数ではないかと思われるが，「身体的に男性」などの表現を私たちは特に疑問もなく用いている。病院で検査をされ，身体的性別の非典型性が見られると「性分化疾患（Disorders of Sex Development: DSD）」とされるが，その時期も，出生時や思春期のときばかりでなく，たとえば不妊治療での検査でわかることもあるため，実子をもうけておらず，検査もしていなければ，自分の身体的性別の状態をわからないまま一生を終えるともいえる。

　なお，「インターセックス」という用語は，2006年にシカゴで開催された小児内分泌学の国際会議において「性分化疾患」と名称変更をされたものの，さまざまな身体上の性的多様性を「疾患」として捉える決定に疑義を唱える動きもあるため，「インターセックス」の名称は保持されたままである。この非病理化の流れを受け，DSD を Diversity of Sex Development や Differences of Sex Development の略語と捉える流れもあることを付記しておく。このように，身体的性別もまたさまざまなレベルで存在し，濃淡で捉えうる。

性同一性（gender identity）：非典型の場合，「性別違和，性同一性障害」

　本書は，性同一性を核として論を進める。性同一性（gender identity：カタカナ表記はジェンダー・アイデンティティ）とは，人がもつ，ある性別に対するアイデンティティのことをいう。「性自認の省察の連続体」ともいえ，極めて高次の認知機能だといえよう。臨床家による代表的な定義としては2つ挙げられ，1つが精神分析家 Robert Stoller による「自分が所属している性別について知っているという感覚のこと」（Stoller, 1964）というもの，もう1つが内分泌心理学者であり性科学者である John Money による「男性あるいは女性，あるいはそのどちらとも規定されないものとしての個性の統一性，一貫性，持続性」（Money, 1965）である。

Identity は，ラテン語の īdem（the same）から派生した用語であり，ego identity を「自我同一性」と訳すように，精神医学や心理学では，identity の定訳は「同一性」とされている。ときに「性同一性の『同一』を『生物学的性と心理・社会的性とが同一』との意味に誤解している」（針間，2000a・2011）ものもあるという指摘がある。「identity の同一性とはこのような意味ではなく，自己の単一性，不変性，連続性という意味において同一」（針間，2000a・2011）である。

　たとえば，日本人アイデンティティとは，日本人としての身体と日本人としての心理・社会的あり方が同一のことを指すのではない。日本人という集団に所属しているという感覚や，日本人であるという感覚の統一性，一貫性，持続性のことを指す。このように，性同一性は，「性同一性が男」「性同一性が女」と質的に捉える表現をすることが一般的だが，過去・現在・未来という時間軸と対他者・対社会という社会軸での統一性，一貫性，持続性という定義に基づくことで，量的にも捉えうる。たとえば男性アイデンティティの強弱を捉えるために，10年前も男性であり，今も男性であり，30年後も男性だろうという時間軸的な一貫性の感覚の強さを測定し，また，男性としてこう在りたいと思い，他者も自分を男性だと思っているだろうと思い，そして男性として現実の社会の中で生きていっているだろうという，他者や社会も含めた統一的な感覚の強さを測定するのである。この観点からみると，性同一性は置かれた環境で強まったり弱まったりすることがわかる。たとえば，1人も同性の人がいない場で多くの異性に囲まれていると，性同一性が強く意識されるということがあるかもしれない。あるいは，性行為（セックス）がうまくいかずに自信をなくし，性同一性が弱まるということもあるかもしれない。

　このように性同一性は「時や状況」で個人内に強弱が見られるが，とりわけ苛烈性を極めるケースがある。これが性別違和や性同一性障害といわれる状態である。すなわち，出生時に割り当てられた性別に対して一貫して同一感をもたない状態を「性別違和」と呼び，さらに，性別違和をもちながら，それとは異なる性別への同一感を一貫してもつ場合には，「性同一性障害」という精神疾患概念が用意されている。この名称は現在，ICD-10（国際疾病分類）に記

されているが，DSM（アメリカ精神医学会の精神障害の診断と統計の手引き）からは削除された（詳細は第1章4節を参照のこと）。なお，前述の「トランスジェンダー」は，非疾患概念である。

　女性への同一感をどの程度強くもつのか，男性への同一感をどの程度強くもつのか，そして規定されない性別への同一感をどの程度強くもつのかという連続変量の観点から捉えると，「性同一性は女」というカテゴリでは理解できなかったその人の性同一性にさらに迫ることができるといえよう。"規定されない性別"については，自分を女性とも男性とも規定していない人たちが，「Xジェンダー」というカテゴリを創出し，自己規定をし始めている。これは日本特有のカテゴリである。本書ではこのアイデンティティをもつ当事者について第3章8節で触れる。

　医療の文脈では，出生時に割り当てられた性別が男性であった者が女性へと性別を移行する者についてMTF（Male to Female）と，出生時に割り当てられた性別が女性であった者が男性へと性別を移行する者については，FTM（Female to Male）と表記してきているが，昨今では，雌雄を示すMale/Femaleよりも男性・女性を示すMan/Womanのほうが適切ではないかという意見から，MTFをトランス女性（Trans woman），FTMをトランス男性（Trans man）と表記することもよくみられており，本書では基本的にトランス女性・トランス男性という表記を採用することにした。なお，日本においては，Xジェンダーの当事者が医療での使用法を援用し，しばしば自分をFTX（Female to X）やMTX（Male to X）などと表記することもある。

性役割（gender role）：非典型の場合，疾患範疇外

　性同一性と似て非なる概念として，性役割がある。これは，ある性別に付与された役割のことであるが，社会や文化，時代によって性役割の定義は異なる。日本社会では，スカートをはくことは女性の性役割であると認識されていることが一般的と思われるが，スコットランドのキルトのように，布を腰に巻き付けるタイプの衣服が男性の性役割であるとみなす文化もある。さらには，個人によって性役割の定義が異なるところにも注意が必要である。たとえば，リー

ダーシップを取るのは男性役割だと定義する人もいれば，そうとはみなさない人もいる。しとやかさを女性役割だと定義する人もいれば，それに首肯しない人もいる。

このように，定義が曖昧なため，そもそも把握が困難である。たとえば服装，話し方，所作，パーソナリティ，職業，趣味，嗜好，考え方，感情パターンなどの領域で性役割が挙げられるが，さらに具体的なレベルで考えていくと何百，何千通りの項目が挙がってくるだろう。それら項目すべてを強弱で表現することができるという捉え方をすれば，まったく同じ性役割志向をもつ人がいるとは想定しにくい。個人内でも気分や年齢によって性役割志向の強弱は異なってくるだろう。「性役割は男」とカテゴリ的に表現することがはばかられるほど，性役割行動の多様性は意識しやすく，それほどまでに豊かである。

そして，性役割と性同一性は相関はありながらも，独立した概念であることを知る必要もある。たとえば，妊娠出産という女性役割行動を経験したことのない女性でも，女性アイデンティティが強い女性もいる。逆もまた然りである。女性役割行動を取っているから，女性アイデンティティが強いとは判断できないことを認識することは重要であり，個人によって性同一性に寄与する要因が異なるということを理解する必要がある。たとえば，トランス男性の中で，男性に移行後，妊娠出産を経験している者もいる。こうした経験をしたうちの1人は，「自分のお腹で日に日に新しい生命が育っていくが，自分が男性だという気持ちは安定しているし揺るぎがない」と新聞のインタビューで答えている（The Sunday Telegraph, 2014）。この語りには性同一性と性役割とがいかに独立概念として体験されているのかがよくあらわれている。

性的指向（sexual orientation）：非典型の場合，疾患範疇外

性的指向とは，恋愛や性愛の対象となる性別のことをいう。同性に向いていれば同性愛とみなされるが，この「同性」を身体的性別と性同一性のうち，どちらの要素の性別を基軸とするかで混乱をきたすことがある。したがって，女性に向いているのか，男性に向いているのかという捉え方をしたほうが明瞭になりやすい。しかしながら，対象となる性別には，男性と女性だけではなく，

トランスジェンダーやXジェンダーなども挙げられ，また，どの性別も対象とは成り得ないというパターンもある。このように対象となる「性別」が指すものを考えるだけでも，多様性に満ちていることが分かる。

　さらに，「女性を対象とする」という意味も，たとえば，マスターベーションでファンタジーを思い描くときに女性を対象としているのか，セックスの相手が女性なのか，性的な魅力を感じる相手が女性なのか，恋愛の対象が女性なのか，仲良くなったら独占したい相手が女性なのか，憧れの対象が女性なのかなど，さまざまな文脈を考えると，性的指向の強さの領域には，個人内でも変動が認められることもある。「好意をもつ対象として見る」という心理は実際には複雑な現象だといえる。また，幼児期から老年期に至るまで一貫して同じ強さで同じ性別を指向しているわけではないかもしれない。このように，性的指向も「性的指向が女性」と単純にカテゴリでは表現しきれないさまざまな側面があり，強弱で捉えうるものである。

性的嗜好（sexual preference）：非典型の場合，「パラフィリア障害」

　性的嗜好とは，性的な興奮を喚起する際の好みを指す。人の性的嗜好は豊かであり，さまざまなファンタジーや行動を駆使して楽しまれるものである。自傷他害の恐れがなく，他者の同意や自己の受容がある限りにおいて，その好みは尊重される。

　異性装をすることやそれをすることを想像することで性的な興奮を覚えることは個人の性的嗜好であり問題にならないが，それに対して苦痛を感じていたり，社会生活が立ちいかなくなるなどの実害が生じている場合は，パラフィリア障害の中でも特に「異性装障害」とカテゴライズされる。性的嗜好としての異性装は，マスターベーションなど性的な興奮を得るための手段であるので，性同一性や性役割とはまた異なる概念である。

　以上，LGBTなどのカテゴリとともに，身体的性別，性同一性，性役割，性的指向，性的嗜好などの独立した性の構成要素を紹介した。本書で主に取り扱うのは，「性同一性（ジェンダー・アイデンティティ）」である。

（3） 本書で使用する類似概念の整理

本書では，トランスジェンダーに関する心理学研究を取り扱う。そこで，以下4つの用語の使用について整理する。

「性同一性障害」と「トランスジェンダー」との使い分けについて

本書の主眼は，割り当てられた性別ではない性を生きていくことに関する形成要因に着目していくことであるため，基本的には「トランスジェンダー」の用語を使用していく。「性同一性障害（Gender Identity Disorder: GID）」は，診断名であり，医療概念である。従って，医療概念をベースとした研究（第2章の双生児研究では診断基準に基づき閾値を設けたため「性同一性障害」の用語を使用する）や，診断を強調する場合は，「性同一性障害」の語を用いる。

「性同一性」と「ジェンダー・アイデンティティ」の使い分けについて

gender identity のカタカナ表記が「ジェンダー・アイデンティティ」であり，その邦訳が「性同一性」である。英語論文や英語書籍からの研究を引用・紹介する場合は，「ジェンダー・アイデンティティ」を使用するほうが好ましいとも思えたが，性的指向と表記を並べるときに，性的指向を漢字でジェンダー・アイデンティティをカタカナで並べることの不統一性から，基本的には「性同一性」の表記を使用することにした。しかし，オリジナル尺度である「ジェンダー・アイデンティティ尺度」は，カタカナ表記の名称で作成したため，この尺度に関して言及するときはジェンダー・アイデンティティの表記を用いる。

2 本書の構成

本書では，性別違和感と異性への帰属感がどのような要因で発現し，さらに

それがどのように自己形成されるかに迫りたい。

これまで医学や医療の文脈では，割り当てられた性別とは異なる性別で生きていこうとする状態を，「病理」として概念化してきた。ここでは，「性同一性障害である」か「性同一性障害ではない」かというカテゴリカルなモデルとして把握されてきたといえる。これに対し，本書では，性同一性を categorical（分類的）なものとしてだけではなく multidimensional（多次元的）なものとしても捉え，さらに性同一性障害についても，多次元モデルを仮定し，性別違和や異性帰属への強弱を表現し，閾値を任意に設定する。こうした多次元モデルを採用することによって，以下 2 つの検討が可能となる。

1 つ目に，「男である」「女である」という分類的な性別の同一感を性同一性とみなしてきた従来の理解に対して，性同一性のさまざまな側面を「量的」，「多次元的」に測定することを可能にする。2 つ目に，性同一性の揺らぎに焦点を当て，遺伝的要因，環境的要因の影響力が変化しうるものであるという「動的」把握を可能にする。

こうした量的，多次元的，かつ動的な性同一性という概念を機軸に，本書では具体的に以下を明らかにしていく。

① 性別違和と異性帰属の発現にあたって，遺伝要因と環境要因の力学がどのように発達的変化をするのか（発現要因）

② 異なる性別としての自己を育むためには，どのような環境要因がかかわってくるのか（発現したものの成長要因）

したがって，本書における論の展開は以下になる（図 2 参照）。具体的には，第 1 章で先行研究の流れを押さえ，得られた問題点を解決するべく，実証的研究である本論（第 2 章・第 3 章）に入る。

まず，第 1 章「これまでの性別観はどのようにつくられてきたか――本書の背景」では，これまでの性別観を振り返る。特に，教育における言説とマス・メディアにおける言説には隔たりがある（第 1 章 1 節）。この乖離を招いたそれぞれの源泉と思しき，これまでの性的自己を形成する要因の数々を検討した研究を第 1 章 2 節でレビューする。具体的には，性同一性の"病理"に寄与する関連遺伝子や養育環境など，先行研究で挙げられてきた要因を各々振り返っ

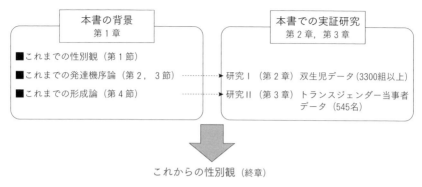

図2　本書の構成

ていく。そして，このような乖離をつなぐ方法論として第1章3節で行動遺伝学の紹介をする。本書では，行動遺伝学の立場から，この隔たりを鳥瞰し，つなげていきたい（*研究I*）。

　さらに，発現した非典型性がその後どのような経路を辿って形成されるのかについて明らかにするために，先行研究における非典型性の取り扱いについて振り返る。これまでは，病理の観点から，どのように性的自己が形成されるかは，医療を以ってなされると考えられてきた。特に，現在優勢であるマス・メディアの見方では，性同一性の非典型性は医療の文脈で語られ，疾患としての自己を形成する（「性同一性障害としての自己」を形成する）という流れがある。そこで，性的自己の非典型性がどのように医療化されていったのかをレビューする（第1章4節）。そして，医療のみでは説明できない性的自己の成長を描いていくため，割り当てられた性別とは異なる性別として自己を形成するための要因を明らかにしていきたい（*研究II*）。

　第2章から実証研究に入る。第1章2節のレビューにより明らかになった発現要因の単線性という観点を解決するため，第2章の研究Iで「行動遺伝学の方法論による発現の複線性」について検討する。3歳から26歳までの3300組以上の双生児（および保護者）に協力をしてもらい，遺伝と環境の相対的影響力について統計学的に検討をした。第3章の研究IIでは，第1章4節のレビューによって明らかとなった病理としての性同一性障害の治療という枠組みではな

く，自己成長の視点から「トランスジェンダー当事者データによる，発現した性同一性を育む要因」をそれぞれ探求するため，実証データを積み重ねる。協力者は，精神神経科や産婦人科などに来院した医療サービスの受診者に限られてはいるが，545名にのぼる。

これにより，終章において，多様，かつ流動的な性別観を呈示することを目指す。

●●注

1）Freud は精神医学を基礎にした神経学，Money は心理学を基礎にした内分泌学の専門家であり，生物学的影響を軽視していたわけではない。しかし彼らの理論は，もっぱら出生後の環境的要因に着目する傾向がある。

2）出生時に割り当てられた性別と同じ性別に同一感をもつ者。

3）異性を性愛の対象とする者。ヘテロセクシュアルという。同性愛者は同性を性愛の対象とする者。ホモセクシュアルという。

4）出生時に性別の決断ができない新生児の場合，出生届の性別を空欄にして届け出ることは可能ではあるが，生後半年以内には，どちらかに割り当てられることが一般的である。

これまでの性別観は
どのようにつくられてきたか

——本書の背景

1 性別観をめぐる学校教育領域と マス・メディア領域の立場の違い

　旧文部省が作成した「学校における性教育の考え方，進め方」(1999) では，ある性別に対する自己認識の確立が，性教育の目標の初めに掲げられている。急激な性成熟の訪れのある思春期においては，義務教育期間であることもあり，生徒の性的自己を確立することは学校が取り組む課題だとする。

　旧文部省は，性的な自己の確立が困難となっている要因について，① 性に関する価値観の多様性，② 核家族・少子家族での過保護・過干渉な養育，③ 進学競争や地域社会での子どもの集団活動の減少による人間関係の希薄，④ 家父長制などの性差別的意識の残存，⑤ 性商業主義的性情報による享楽的・消費的イメージなどを挙げている[1]。そして，性的自己の確立のために，人間関係を濃密なものとし，男性としてのあるいは女性としての自己を確かめるような機会を増やし，また異性関係へのイメージを適切にもたせ，自尊感情を高めるように促すことを求めている。そのため子どもたちが自己の性を受容できるようにするための内容を取り扱うことが推奨されている。

　つまり，旧文部省の性別観は，"性別二分法に則る。固定的な性役割観は差別につながるので，平等で尊重しあえる男女関係を理解させる。その結果，自己の性別が確立される" というものであり，自己の性別の認識を確立させるためには，生殖・身体・生理・心理発達を "教え"，固定的性役割に "気づかせる" という姿勢が見られる。

　旧文部省の想定する「性的自己を形成する要因」がもっぱら心理社会的要因であるように，教育の文脈では，「非典型的にならないように環境を整える」という取り組みが推奨されてきたといえる[2]。

　しかし，教育の文脈を抜け，マス・メディアの言説を視界に入れると，原因は不明であるという断り書きをしつつも，生物学的要因を推す記述にあふれる。特に，「胎生期のホルモン環境が違う」という実証されていない仮説について，誰に有力視されているのかの説明もなく紹介している。たとえば朝日新聞では，

埼玉医科大学の倫理委員会が認めた国内初の性同一性障害のケースを報じた1998年の第一報のときに「原因ははっきりしないが，胎児期に受けたホルモンの影響などによる生物学的要因が指摘されている」と明記し，2003年の性別の取扱いの法律が国会に提出されたときの社説欄でも「性同一性障害は，胎児期に多量のホルモンを浴びたことなどが原因と推測されている」と記載している。また，2006年6月14日の毎日新聞「ことば」欄では，性同一性障害を以下のように説明している。「自分の身体的な性別に違和感を感じ，別の性別だと確信している状態。同性愛とは区別される。数万人に1人の割合でいるとされるが，原因は不明。胎児期のホルモン異常が原因という説が有力視され，家庭での育て方や本人に問題があるわけではないと考えられている」と記述されている。

　教育領域，マス・メディア領域のどちらの立場にせよこれまでの先行研究を踏まえてはおらず，偏向しているといわざるを得ない。そこでまず，これまでの非典型的性的自己の形成要因にかかわる先行研究を振り返ることにする。

2 これまで性同一性は，何によって 形成されると考えられてきたのか

（1）環境の影響

初期の John Money の研究

　1950年代から，Money は，性染色体や性腺，外内性器などの形態が非典型的である性分化疾患・インターセックス[3]について，研究を行っていた。そして，105名の当事者の研究において，100名が割り当てられた性別で養育され，その性別のまま暮らしていることを発見した。このことから Money は，割り当てられた性別と養育上の性別は，染色体の性別，性腺の性別，ホルモンの性別，補助的な内部生殖形態や外性器の形態よりも，その後の性別表現を一貫してはっきりと予知しうる信頼できる予測変数だという結論に至ったのである（Money, 1957）。こうした研究結果に基づき Money（1965）は，gender identity

（ジェンダー・アイデンティティ，性同一性）という用語を創り「男性あるいは女性，あるいはそのどちらとも規定されないものとしての個性の統一性，一貫性，持続性」と定義した。そして Money はジェンダー・アイデンティティを「話し言葉を習得するのとほとんど同じ方法で習得される」（Money, 1975）ものだと考え，性同一性の「臨界期（生後18カ月〜24カ月）説」を提起し，その時期に割り当てられた性別は不可逆的なものであると主張した。

　もともと性分化疾患ではなくインターセックス状態にはないトランスジェンダーの人たちについても Money（1975）は以下のように説明している。「出生前の互いに矛盾なく統一したあらゆる性的決定要因が，そのレッテル（性別）の方向へと導いたにもかかわらず，彼らは性自認の分岐点で別の道に進んだ。手元にある証拠はすべて，この矛盾した方向転換が社会からのひそやかな合図によって促されたもので，生後間もない時期に主に母親を通して伝えられることが多い，という結論を指摘している」（（　）内は筆者）。そして，解剖学的にもホルモンの点からも，一般の幼児に対しても，出生時に性同一性の選択の自由が与えられていること，そして少なくとも生後1年半までは社会的影響力が決定的に関与すると Money は考えていた。そのため，遺伝的にも身体形態も男児の一卵性双生児が，一方は男児として，もう一方は生後17カ月以降から女児として養育されたところ，女児として育てられたほうはその後も女児としてのアイデンティティを持続させていた例（Money の双子症例）を根拠として挙げている。[4]

　Money が強力な環境支持者のように受け取られる傾向にあるのは，「性同一性は，氏と育ちのどちらかが独立して作用するのではなく，両者が発達分化の臨界期において相互作用することでつくられる」（Money, 1985）と「臨界期」の重要性を強く打ち出しているからであり，「この段階期では，染色体やホルモンや性器や個体がどのような状態にあろうとも，社会的圧力のほうがジェンダー・アイデンティティを決定する影響因として大きい」（Money, 1975）と述べているためである。[5]

性別割り当ての影響

　Bradley, Oliver, Chernick, & Zucker (1998) は，Money の双子のケースと逆の結果となったケースを報告している。男児として生まれた子どもが，生後2カ月のときにペニスを喪失したため，性別の再割り当てと性腺摘出手術を7カ月の段階で行った事例についてである。その後の追跡調査では，26歳の段階で，彼女は女性アイデンティティを発達させていた。これは，遺伝的な性別やその他，外内性器よりも，生後の性別割り当てとそれへの養育こそが，彼女の性同一性を形成したと考えられる事例である。

　性別割り当ての影響は，性分化疾患をもつインターセックス状態の当事者のフォローアップ研究からその影響力の大きさを計り知ることができる。

　Reiner & Gearhart (2004) は，総排泄腔外反症をもつ人々の性同一性を追跡調査した。総排泄腔外反症とは，胚形成時の骨盤の複合欠損であり，性染色体は XY 典型男性型であり，重篤な陰茎発育不全や陰茎欠損を併発する状態を指す。陰茎発育不全の問題に対処するため，多くは女性と割り当てられてきた。調査では彼らのクリニックに来院した5〜16歳の遺伝的には男性である16名が評価された。14例は，新生児期に社会的・法律的に，そして外科的処置を行って性別を女性とし，残る2例の両親はこれを拒否した。その結果，性別を女性とされた14例の対象者のうち，3例が自分は男性であると申告をした。一方，男性として育てられた2例は男性のままであった。さらにその後の追跡調査で男性アイデンティティを表明する者が増え，6名となった。5例は女性アイデンティティを持っていたが，残る3例は，性同一性が曖昧な状態で生活していたという。その後，こうした報告のレビューを行った de Vries, Doreleijers, & Cohen-Kettenis (2007) では，女性と割り当てられた21名の内の6名 (28.6%) が性別違和をもっていたということが報告された。一方，男性と割り当てられた5名においては，性別違和の報告はなかった。28.6%という性別違和の比率は非常に高いものの，7割以上の人々は，割り当てられた女性に対してアイデンティティをもっていたということになる。

　先天性副腎過形成症（Congenital Adrenal Hyperplasia: CAH）を対象にした調査からも，性別割り当ての影響の強さが明らかになっている。性染色体が

XX の典型女性型で CAH をもつ人の場合，胎生期にアンドロゲンを過剰生産するために，外性器の男性化が引き起こされる。出生時，多くの CAH 児は女児と割り当てられるが，それを不快だと思っている CAH 児はほとんどおらず (Ehrhardt & Baker, 1974; Berenbaum & Bailey, 2003; Zucker, 1999)，さらに，158 名の CAH のうち 9 名が男児と割り当てられ，男児として養育されていたという報告では，その後も明らかな問題をもっていないとのことであった (Mulaikal, Migeon, & Rock, 1987)。これは，典型的な女性性染色体と内部生殖体系をもっていたとしても，男性アイデンティティがつくりあげられていくことを示している。CAH の場合は，割り当てられた性別にしたがって性同一性が分化していく可能性が高いのではないかと2000年代に入るまではいわれてきた。しかし，CAH の性同一性発達も，こうした出生時の性別割り当てのみが予測因子ではないということが明らかになってくる。このことについては，社会的影響やホルモンの項で後述する。

家族の影響と同一化理論

　Freud にはじまる精神分析理論では，家族力動を検討材料に入れたものが中心となり，男児は父親と，女児は母親との同一化を通じて，ジェンダー・アイデンティティを発達させていく，というのが基本的な捉え方である。Freud (1925) は「性の発達の男性と女性との差異は，性器の解剖学的な相違およびこれと結びついた心的状況の 1 つの明白な帰結であって，これは実現した去勢とただ脅かしだけにとどまっている去勢との差異に対応しているのである」と，その契機を身体の差に求め，男根期における去勢不安とペニス羨望が性同一性を確立させるとした。同じく精神分析家として臨床場面での事例から精神分析的にこのテーマを研究していた Stoller (1977a, 1977b) は，性同一性の形成要因について，生物学的な要因に加え，両親や医師の性別の割り当てと，両親の態度，乳児を取り巻く習慣的パターンとしての条件づけ，刷り込み，学習，とりわけ性器に対する身体自我と精神内発達という 6 項目を挙げている。

　Freud (1905) が，「倒錯への素因は，人間の性衝動の起原的・一般的な素因であり，そしてそれから成熟の過程で気質的な変化と心理的抑止を受け，正常

な性的な振る舞いが発達するという観点をどうしてもとらねばならなくなった。われわれは起原的な素因が幼児期にあると考えた[6]」と述べているように，トランスジェンダーの研究では，彼らの養育上の影響に研究の焦点が当てられる傾向にある。

特に臨床研究ではしばしば親子関係からトランスジェンダーの原因を探ることが行われている。たとえば，少年が女児としてのアイデンティティをもつことに関する研究として，娘をもつことへの母親の希望や父親の不在があるとしたCharatan & Galef (1965) の研究[7]や，息子の初めての女性的行動に対する両親の寛容さがあるとしたRoberts et al. (1987) の研究[8]，女性的行動の強化および断念させることの欠如が性別問題を引き起こし永続させるとしたGreen (1974, 1987) [9]などの研究が挙げられる。

また，トランスジェンダーを病理として捉え，そこには何らかの家族内「病理」が存在すると仮定する研究も多い。たとえば，Rekers, Mead, Rosen, & Brigham (1983) では，性別の混乱を起こしている（gender disturbance）小児の母親の80%，父親の45%が精神科を受診しているという報告がなされ，Wolfe (1990) は，12人の性同一性障害をもつ男児の父親の全員が精神疾患をもっていると報告し，女児に同一化する少年には男性役割モデルが少ないことを示した。また，Marantz & Coates (1991) は，境界性パーソナリティ障害の母親をもつ者は，control 群は17人中誰もいなかったのに対し性同一性障害群では16人中4人いたという報告をし，Coates (1990) は，小児・青年期の性同一性障害当事者の母親の多くが慢性的な家族機能不全，あるいは子どもが3歳になるまでに外傷（トラウマ）体験をもつ，と主張し，子は母と自己を融合させる修復的なファンタジーをもつことで母親を失う恐怖に打ち勝とうとしていると理論化した。

親が病理をもつレベルとはいかないまでも，男性から女性へと移行する人は，父の子育ての関与や世話が少なく，女性から男性へと移行する人は，母の子育ての関与や保護が少ないとする研究（Tsoi, 1990）や，性同一性障害の当事者の両親は温かみがなく拒絶的であり，離婚率も高いという報告などもされている（Cohen-Kettenis & Arrindell, 1990）。また，性別違和をもつ男児群は control 群

よりも「魅力的」,「美しい」と一般的に評定され,また性別違和をもつ女児群は「ハンサム」,「男性的」と評定されるため,外見が両親の感情や行動のトリガー（ひきがね）となるとした研究もある（McDermid, Zucker, Bradley, & Maing, 1998）。

　きょうだい環境についての報告としては,男性から女性に移行する人には男きょうだいが多く（Zucker, 1997）,出生順位は第2子以降が多いということ（Green, 2000）,女性から男性に移行する人では,女のきょうだいがいる場合,先に生まれている傾向が高い（Zucker, 1998）という報告がある。ただしこれらの結果は,きょうだい役割や同一化対象としての同性,異性きょうだいといった影響が考えられる一方,男の胎児ごとに HY 抗原が母親の免疫を促進させ,[10]付随して男の胎児ごとに脳の性分化に対する HY 抗体の効果が増していくという仮説（Blanchard & Klassen, 1997）から,第2子以降の男性と同性愛との関連が取り沙汰されるように,生物学的な要因とも絡んで考察されるべき知見である。

　また,非典型的な性同一性に関する研究ではないが,同性の親への同一視という観点からは,Munsinger & Rabin（1978）が,ジェンダー・アイデンティティの家族内類似性を調べ,それが,相加的遺伝モデルなのか,伴性遺伝仮説なのか,同性同一化理論なのかを検討している（ただし,「ジェンダー・アイデンティティ」としながらも実際に測定しているものは,性役割志向を捉える,性役割パーソナリティテストや嗜好性テストであった）。その結果,104家族のサンプルにおいて,父―息子の相関係数が $r < .263$（$p < .004$）,母―娘が $r < .325$（$p < .001$）であり,その他の組み合わせでは有意な相関は得られなかった。したがって,娘は母から,息子は父から性役割を学習するといった同性同一化理論が採択されている。

社会的影響

　Bem（1993）によると,「過去50年間に社会科学の研究分野で主流を占めてきたジェンダーの社会的形成に関する理論的視点は,社会化,社会構造による状況的拘束,精神力動的な葛藤,個人のアイデンティティ形成を強調している。

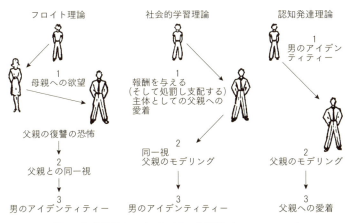

フロイト理論　　　社会的学習理論　　　認知発達理論

1
母親への欲望

報酬を与える
(そして処罰し支配する)
主体としての父親への
愛着

1
男のアイデン
ティティー

父親の復讐の恐怖

2
父親との同一視

2
同一視
父親のモデリング

2
父親のモデリング

3
男のアイデンティティー

3
男のアイデンティティー

3
父親への愛着

図3　心理学研究における同一化理論 (Kohlberg, 1966)

1番目と2番目は文化が個人に及ぼす影響を強調し，3番目と4番目は個人の心理の中で生じる問題を強調する」という。社会学者や人類学者が社会構造から性別がいかに社会化されているのかを解き明かしていく一方，心理学者は，個人がもつ性別に対する意識や行動を対象にしてきた。

　社会的学習理論では，Mischel (1966, 1970) や Bandura (1977) らが，「分化強化」と「モデリング」の理論を提唱してきた。Perry & Bussey (1979) によると，子どもは，多くの男性や女性，男の子や女の子を観察することで，女性はよく行うが男性がめったに行わない行動あるいはその逆の行動がどんな行動であるのかを知り，男性に適切な，あるいは女性にふさわしい行動を学んでいくという。つまり，自分の性別に典型的だとその子どもがみなした行動をモデリングするのである。そして，何が適切なのかを判断するにあたって，親などが適切な性役割をとれば報酬を，不適切であれば罰を与えることで，分化強化が促され，それに伴い性同一性が確立されていくと考える。その後，社会的学習理論は，より複雑な理論を展開していく。Bussey & Bandura (1999) の理論では，モデリングや行動化経験や直接教育を促す家族の影響よりも，職業システムなどの性別化された慣習といった社会構造（ジェンダー分離：gender segregation）による影響のほうに着目している。

認知発達理論では，Piaget の理論を援用した Kohlberg（1966，図 3 参照）の
説明が著名である。それによると「（性アイデンティティの発達は）明らかに，
子どもが『男の子』『女の子』というレッテルを聞かされ，学習することから
始まる。これはごく幼児期に起こり，普通 2 歳の後半であ」り，「3 〜 4 歳の
子どもにとっては，自分がどちらの性の一員であるかという性アイデンティテ
ィはきわめて揺らぎやすいものであ」り，「子どもが性の定義を確立するのは
大変難しく，一般的な物理的概念の定義を確立する困難さときわめて似ており，
後者が解決されるにつれて，前者もまた解決される」という。つまり子どもは，
時間が経過したとしても，事態（外見など）が変化したとしても性別は変わら
ないという性別の恒常性を理解するようになってから，同一視する性別に一致
した性役割取り込みを行うことで性同一性を発達させていくのである。また
「子どもの性アイデンティティは，即物的・社会的現実に対して適応しようと
する動機と，安定したよい自己イメージを維持したいという動機によって維持
される」とし，性同一性が，内発的動機づけによるものであると述べている。
　このように社会的な学習をしながら発達していくさまを追うという研究では，
社会のプレッシャーに対峙する個人という枠組みが多く，性同一性が日々周囲
から社会的に“つくられていく”ものであることを強調している。[11] それは以下
のような主張からもうかがえる。「人々は自分の男らしさまたは女らしさの感
覚をそのままに保とうとして，自分がたまたまもつことになったジェンダーに
相応しい行動及び特徴を用いて，ジェンダー・アイデンティティを確認しよう
としている」（Spence, 1984），「男女を排他的なものとする生涯にわたる文化的
圧力や要請がこうした感覚（筆者注：男（女）らしくあるように努力しなければな
らないという感覚）を常に助長してくる」（Bem, 1993）。
　このようなジェンダー・スキーマ理論は，[12] CAH の性同一性発達でも認めら
れるものである。Endendijk Beltz, McHale, Bryk, & Berenbaum（2016）で
は，10 歳から13歳の CAH をもつ女児たちの性同一性，性役割態度，性別的活
動の嗜好性について検討している。CAH を二群に分け，より多くの胎生期ア
ンドロゲン暴露のあった群と，弱い暴露のあった群とで比較をしているが，ど
ちらの群においても，性役割態度が，性同一性と性別的活動との関連を媒介し

ており，女性役割に対する肯定的態度をもつことと女性アイデンティティとに
は相関があり，男性役割的参加・興味への低減および女性役割的参加・興味の
増加と関連をしていた。つまり，アンドロゲン暴露量よりも，性役割態度が性
同一性の発達により影響を及ぼすという意味において，認知が性同一性に影響
を及ぼすというジェンダー・スキーマ理論と同様の結果となったということで
ある。

（2）　ホルモンの影響

　身体形成がなされる胎生期に，胎児が胎内で浴びたホルモンがその後の脳の
発育にも影響を及ぼしうる証拠として，性分化疾患をもつインターセックス状
態の事例が挙げられてきた。以下は，性同一性に及ぼす影響因として胎生期の
ホルモンが示唆されるとする研究である。
　Imperato-McGinley（1979）は，男性型の性染色体 XY 型で 5α 還元酵素欠損
をもつことでアンドロゲンの分泌が非典型となり外性器が女性化するため，生
誕時，性別を「女性」と割り当てられた子ども18人のフォローアップ報告をし
ている。その内16人が，思春期発来とともに，テストステロンの分泌が増加し，
身体の男性化も起こったため，性同一性が女性から男性に変わったとしている。
また，7 人中 4 人という報告もある（Mendez, 1995）。この酵素の遺伝子はつき
とめられており，Imperato-McGinley らのチームによって，遺伝子配列も解明
され，この酵素欠損の原因も同定されている（Thigpen et al., 1992）。その後，
こうした報告のレビューを行った de Vries, Doreleijers, & Cohen-Kettenis
（2007）では，女性と割り当てられた117名のうち69名（59％）がその後，男性
へと性別を変更していたということである。第二次性徴のホルモン分泌により
性同一性が変化しうるというこうしたケースは，Money の主張する「性同一
性の臨界期説」を否定するデータといえよう。
　Hines et al.（2003）は，先天的にアンドロゲンが過剰に分泌される CAH の
成人女性を対象にし，コア・ジェンダー・アイデンティティに関して質問紙調
査を行っている。その結果，CAH をもつ女性は統制群の女性よりも有意に典

型的男性役割行動をとることが明らかとなったが，性同一性に関していえば，
5％水準の有意差であり，性役割に比べればアンドロゲンの影響は弱いという
結果が得られている。同様に，Meyer-Bahlburg et al. (2004) は，CAH をも
つ成人女性に性同一性に関してインタビュー調査をした結果，性役割に関して
は統制群よりも典型的男性役割行動をとっていたが，性同一性に関しては違和
感がないことが明らかとなった。ここでは，アンドロゲンが，性役割行動には
影響を及ぼしうるが，性同一性にはあまり及ぼしうるものではないことが示唆
されている。しかしながら，CAH をもつ女性は，成人して性同一性に問題を
もつ率が母集団の有病率より高く（Meyer-Bahlburg et al., 1996; Zucker et al.,
1996)，4歳から11歳を対象とした小児期においても，CAH をもたない群より
ももつ群において，質問紙でもインタビューでも有意に性別違和が見受けられ
るため（Pasterski, Zucker, Hindmarsh, Hughes, Acerini, Spencer, Neufeld, & Hines,
2015)，胎生期のアンドロゲン環境が性同一性にも影響を及ぼすことは考えら
れる。de Vries ら（2007）では，女児と割り当てられた217名の内の10名
（4.6％）が，男児と割り当てられた14名の内の3名（21.4％）が性別違和をも
つに至っていると報告されている。

　また，Hines (2004b) は，先天的にアンドロゲン受容体遺伝子が欠乏するア
ンドロゲン不応症（AIS）の完全型をもつ XY 型の人々を対象にし，コア・ジ
ェンダー・アイデンティティに関する質問紙調査を行っている。その結果，統
制群の女性との有意差は認められず，女性としてのアイデンティティをもって
いることが明らかとなった。この結果から，心理的な性的分化の決定に，アン
ドロゲンが染色体上の性別である XX や XY をくつがえしうる（Hines, 2004b）
ことが示されたのである。さらに，性同一性がホルモンと関連があるというこ
とについて，完全型では女性アイデンティティをもつ人が大方であるのに対し，
不完全型のアンドロゲン不応症をもつ場合では，完全に欠損しているわけでは
ないため，アンドロゲンがある程度受容できるということもあり，女性と割り
当てられた46名の内の5名（10.9％），男性と割り当てられた35名の内の5名
（14.3％）が性別違和をもつという報告がされている。

　さらに，胎生期に抗痙攣剤を投与された妊婦の子どもは，成長すると，統制

群と比較して有意に異性役割行動と性別違和を抱えていたという結果もあり（Dessens et al., 1999），胎生期のホルモン環境の影響を示唆している。

　胎生期のホルモン暴露の影響を間接的に検討しようとする指標として，人差し指と薬指の長さの比（第 2 指第 4 指比率：the second to fourth digit ratio, 2D：4D）が挙げられる。これは，胎内におけるアンドロゲン暴露量およびアンドロゲンへの感受性が大きいほど 2D：4D が小さくなるといわれていることから，年齢や民族を超えた頑健な性差（男性＜女性）が確認されており（Loehlin, Medland, & Martin, 2009; Manning, Churchill, & Peters, 2007; Manning, Henzi, Venkatramana, Martin, & Singh, 2003; Manning, Stewart, Bundred, & Trivers, 2004; Manning et al., 2000; Putz, Gaulin, Sporter, & McBurney, 2004; Williams et al., 2000)，それゆえ，性同一性と 2D：4D との関連を検討する研究が実施されてきている。

　まず，Schneider, Pickel, & Stalla,（2006）がトランス男性では統制群女性と差がなかったのに対しトランス女性では有意に統制群男性よりも大きく統制群女性に類似していると報告をし，トランス女性は胎生期のアンドロゲン暴露が少なかったからではないかという仮説を提出した。これと同様の結果は，Kraemer, Noll, Delsignore, Milos, Schnyder, & Hepp,（2009）においてもみられている。しかし，Wallien, Zucker, Steensma, & Cohen-Kettenis,（2008）は，その逆の結果を提出し，小児・成人とも，性別違和をもつ男性では統制群男性と 2D：4D の有意差がなく，さらに異性愛指向，同性愛指向とで分類して検討しても，有意差はなかったという。しかし，性別違和をもつ女性では，統制群女性と有意差があり，より男性に近い値であったため胎生期ホルモン仮説は割り当てられた性別が女性である場合において支持する結果となった。

　日本でも，トランス男性のジェンダー・アイデンティティと 2D：4D を検討した研究があり，そこでは，トランス男性が統制群女性よりも有意に小さく，男性との差がなかっただけではなく，量的なジェンダー・アイデンティティ尺度と 2D：4D とにおいても高い相関が見出された結果であった（Hisasue, Sasaki, Tsukamoto, & Horie, 2012）。

　このように，性同一性と 2D：4D との関連の方向性は一貫していない。

（3） 脳と神経核

分界条床核（BSTc: the Bed nucleus of the stria terminalis）と呼ばれる神経核
は，扁桃体と関連の深い神経細胞群であり，通常，男性のものは女性と比して
有意に体積が大きい（約2.5倍）ことが知られている。Zhou et al.（1995）は，
トランス女性6名，統制群の男性15名，ゲイ男性9名，統制群の女性11名の視
床下部を検討した。その結果，この体積の大きさは，統制群の女性・トランス
女性＜統制群の男性・ゲイ男性であった。つまり，性的指向が関係する神経核
と，性同一性が関係する神経核が異なることを示しており，また，性同一性が
反応する部位が1つ特定されたことを意味する。ただし，トランス女性は全員
エストロゲンを持続的に投与し，性別適合手術を受け，精巣も摘出済みである
ためトランス女性の分界条床核がホルモン療法前から女性と同じくらいの大き
さなのか，それともホルモン療法によって女性と同じ大きさになったのかは明
らかではない。その後，Kruijver et al.（2000）はトランス男性も含めた研究
を行い，分界条床核のソマトスタチン免疫反応性ニューロンの数を検討し，統
制群の男性（9名）とゲイ男性（9名）に大きさの違いは見出されなかったと
いうこと，トランス女性（6名）と統制群の女性（10名）とは変わらず，トラ
ンス男性（1名）と統制群の男性にも違いがなかったということ，副腎皮質の
癌やターナー症候群といったホルモン関連の非典型性をもった人々（6名）と
の比較からホルモン治療やホルモンレベルは関連がないこと，などを見出した。
　しかし，分界条床核は，成人期になって性差がみられると報告され（Chung
et al., 2002），成長に伴って体積が変化していくことが示唆されるので，性同一
性を「おそらく脳の中に固定されている」（Swaab et al., 1992）とも言い切れな
い。
　さらに，性差は，前視床下部間質核（INAH: interstitial nucleus of the
anterior hypothalamus）と呼ばれる神経核のうち INAH3 でもみられるため，
LeVay（1991）は，ゲイ男性と非ゲイ男性を比較し，ゲイ男性に比べて非ゲイ
男性は，2〜3倍の大きさがあったと報告している。そこで Garcia-

Falgueras & Swaab（2008）がトランス女性やトランス男性についても検討したところ，統制群の男性とトランス男性1名とに差はなく，統制群の女性と10名のトランス女性にも差がないことが確認された。しかし，精巣摘出術を実施した前立腺癌患者において術後の経過が長くなるにつれ，体積，ニューロン数ともに減少していく傾向もあり，トランス女性が統制群の女性と差がないとしてもそれが精巣摘出術やホルモン療法のためなのか明らかではない。さらに未治療のトランス女性に関しては，統制群男性と同じ容積であった。また，統制群の男性対照群の範囲内であった1名のトランス男性についても，20年間のアンドロゲン投与経験があり，子宮卵巣を摘出している。

　PET（Positron Emission Tomography: ポジトロン断層法）やfMRI（functional Magnetic Resonance Imaging: 機能的磁気共鳴画像法）による報告もいくつかある。トランス当事者の脳機能や脳領域の活性化パターンが，身体的な性別ではなく同一感をもつほうの性別と類似したパターンを示すのか否かについての研究である。カロリンスカ研究所の報告では，性的指向が同じ性別に向く群間同士（異性愛男性と同性愛女性／異性愛女性と同性愛男性）の類似性を支持した（Savic & Lindström, 2008）ものの，性同一性に関しては，統制群の男性，統制群の女性，レズビアンのトランス女性の3群を対象に灰白質と白質，左右半球非対称性，海馬・視床・尾状核・被殻の容積などを比較したところ，レズビアンのトランス女性の脳と統制群の男性の脳に差はなく，レズビアンのトランス女性の脳が女性化しているというデータは得られなかった（Savic & Arver, 2011）という。

　スペインのチームは，DTI（Diffusion Tensor Imaging: 拡散テンソル画像）により，ホルモン療法前のトランス女性とトランス男性の白質の微細構造を統制群の男女と比較し，いくつかの指標でトランス男性は統制群男性との近似パターン（Rametti et al., 2011a）を，トランス女性は統制群男性と統制群女性の中間のパターン（Rametti et al., 2011b）を描いていることを示しているが，いずれの協力者も性的指向については異性愛者（女性に性的指向をもつトランス男性と，男性に性的指向をもつトランス女性のみの協力）であるという点で，性同一性と関連しているのか性的指向と関連しているのかは定かでない。

また，思春期のトランスジェンダー当事者の協力を得たオランダのデータで
は，ホルモン療法をしていようといまいと灰白質の容積が身体的性別と同様の
分布に従っていることが示されている（Hoekzema et al., 2015）。
　トランスジェンダーに関する脳研究のレビューは，Guillamon, Junque, &
Gómez-Gil,（2016）に詳しい。

（4）　遺伝の影響

性染色体

　一般的には，XX 型の性染色体をもつ人は女性アイデンティティを，XY 型
をもつ人は男性アイデンティティを発達させる。ただし，これは性別の割り当
ても XX 型（XY 型）であれば女性（男性）割り当てであるため，性染色体の
影響であるのかどうかは定かではない。
　そこで，性別割り当てではなく性染色体の影響であることが示唆されるケー
スとして，性分化疾患をもつインターセックス状態の子どもの追跡調査を挙げ
ることができる。これまで，アンドロゲン不応症（AIS）の完全型の場合，遺
伝型が XY であるとしても，生後女性と割り当てられれば，女性アイデンティ
ティをそのまま発達させると論じられていた（Masica, Money, & Ehrhardt,
1971; Money & Ogunro, 1974）が，それを反証する事例が Gooren ら（1991）に
よって報告されている。AIS の完全型では，性染色体は XY 型であるが，ア
ンドロゲンに対して感応せず，そのため生殖器は外見上女性的になる。思春期
になると，乳房が発達し，成人女性と同じようなみかけになるが，月経はなく
不妊である。事例報告の彼は生後 5 日目に女性と割り当てられ，その後睾丸摘
出，ホルモン投与を行い女性として生活をしていたが，30 歳になったときに，
性別適合治療を行ったという。このケースでは，アンドロゲンが通常レベル以
上に低くとも，男性アイデンティティや女性への性的指向が発達しうるという
ことを示すものであり，養育よりもホルモン環境よりも，性染色体が性同一性
発達にもっとも影響を及ぼした例として挙げることができる。

分子遺伝学研究

　1990年になって，精巣決定遺伝子である SRY を取り出すことに成功して以来，遺伝子研究では遺伝子がヒトの性分化にどのように影響するのか，どの遺伝子がどのホルモンに作用するのかについて数多くの検討が加えられている。

　2005年以降，生殖器官など身体的な性分化や性的指向に関する遺伝子同定だけではなく，性同一性に関しても原因遺伝子の探索が試みられるようになってきた。

　まず，2005年に Henningsson らが，トランス女性のエストロゲンレセプター β の繰り返し多型の長さが，統制群と比較して長いことを報告した（Henningsson, et al., 2005）。この結果は，トランス男性においてもみられた（Fernandez et al., 2014）。その後，さらに，トランス女性群は統制群と比較して，アンドロゲンレセプター遺伝子多型の繰り返しの長さが4％の有意水準で長いという結果（Hare et al., 2009）も得られた。

　トランス男性については，統制群と比較して，チトクロム P17 遺伝子上にある34番目のアミノ酸がチミン（T）からシトシン（C）に置き換わっている頻度が高い（Bendtz et al., 2008）という報告もある。

　このように，統制群と比較したときの繰り返しの長さや置換の頻度などの統計的有意性を示す「程度の差」が示されたといえ，この遺伝子があれば性別を移行するという意味での原因遺伝子ではなく，これら遺伝子が非典型性の発達を促すのか否かという観点で実施されてきていることは留意すべきである。

　わが国では岡山大学において関連遺伝子解析研究が行われているが，これまでネガティブ・データしか得られていない（大谷ら，2006; Ujike et al., 2009）。

家系研究

　したがって，遺伝研究はもっぱら双生児や家族同胞例に関する報告によって行われてきている。トランスジェンダーの一卵性双生児ケース報告では，トランス女性一致例として，Anchersen (1956), Hyde & Kenna (1977), Stoller (1976), Tsur et al. (1991), Zucker & Bradley (1995), 不一致については，Hepp et al. (2004), Zucker & Bradley (1995), トランス男性の一致例として

は，Sadeghi & Fakhrai（2000），Knoblauch et al.（2007），不一致例について
は，Garden & Rothery（1992），Green & Stoller（1971），Segal（2006）など
の研究が挙げられる。また，2人のトランス女性きょうだいと1人のトランス
ではない女性の三つ子の報告（McKee et al., 1976）もあるが，一致したきょう
だいの卵性はわからない。

　このような双生児のケース報告をレビューした論文として，Heylens ら
（2012）の研究が挙げられる。結果は，23組の一卵性双生児のうちきょうだい
とも性同一性障害である一致率は39.1％であり，二卵性双生児21組のうちきょ
うだいともが性同一性障害だと報告するケースは0組であった。

　なお，日本では，阿部（1999）が一卵性双生児のトランス男性の一致例と二
卵性のトランス女性の不一致例を報告している。また，佐藤ら（2003）は，岡
山大学医学部付属病院を受診した性同一性障害例328名から，1組のトランス
男性一卵性双生児一致例，3組のトランス男性不一致例（卵性は明らかではな
い），そしてトランス男性で3組のトランス女性で1組の，同胞一致例を報告
している。

　Green（2000）は，ロンドンのジェンダー・アイデンティティ・クリニック
来院者のさまざまなケースを挙げ，トランス女性の一卵性双生児の一致が1例，
男きょうだいの一致例が3例，男女きょうだいの一致例が1例，女きょうだい
の一致例が1例，父と息子の一致例が1例，性別違和をもつ父と異性装をする
息子1例，性別違和をもち異性装をする父と性別違和はないが異性装をする息
子1例，異性装をする父とトランス男性となった娘，という10の事例報告をし
ている。2人きょうだいがいる家族において，男性双生児もしくは2人きょう
だいでトランスジェンダー的傾向が一致する確率は1億分の1であるにもかか
わらず，Green らの1500のサンプルから得られた家族同胞例の一致率は不自然
なほど高いものであり，何らかの家系要因が示唆されている。

3 遺伝と環境要因をつなぐ行動遺伝学研究

（1） 行動遺伝学の方法論

　性同一性の形成をめぐるこれまでのさまざまな研究では，それぞれの研究法の限界のために歩み寄れない状態にあったといえる。遺伝も，ホルモンも，脳も，家庭環境も，教育も，社会構造も，それぞれ性同一性に影響を与えているということは多くの研究者の同意が得られているところでもある。しかし，今までは，内分泌学者がホルモンの研究をし，臨床系や発達系の心理学者が家庭環境の研究をし，社会学者が社会構造を解くという棲み分けがあり，その結果，個々の要因に迫ることはできたが，その要因同士の影響を明らかにするには限界があった。この橋渡しを行っているのが，「行動遺伝学」という方法論だといえる。

　行動遺伝学では，親から受け継いだ遺伝子を互いに100％共有する一卵性双生児（Monozygotic Twin: 以下 MZ と表記する）と，50％の確率で共有する二卵性双生児（Dizygotic Twin: 以下 DZ と表記する）のデータから，共分散構造分析の多母集団モデルを用いて，ある心理尺度についての全分散を相加的遺伝（Additive genetics: A），共有環境（Common environment: C），非共有環境（non-shared Environment/Error: E）の３つの効果の分散に分解することができる。

　相加的遺伝（A）とは，多数の遺伝子の表現型に対する効果の中で相加的成分に由来する効果のことである。個人差が単一の遺伝子だけで引き起こされるのではなく，１つひとつは小さな効果でも多数の遺伝子が相加的に影響を与えるために効果をもつ遺伝要因を指す。共有環境（C）とは，双生児法では双生児のきょうだいが共有しているがゆえにきょうだいを類似させる環境のことを指す。たとえば家庭内の雰囲気や養育方針，社会階層などがきょうだいを類似

させていたとしたら，そこには共有環境効果が存在すると考えられる。ただし共有環境は胎生期の子宮内環境なども含まれるため，きょうだいを似させる遺伝以外の環境すべてである。最後に，非共有環境（E）とは，双生児を類似させない非遺伝的要因すべてであり，きょうだいのうち1人だけがもつ独自の環境を指す。なお，これには測定誤差（error）も含む（安藤，2000，2001）。

　分散をA・C・Eそれぞれの要因に分解するには，潜在変数として遺伝要因と環境要因を設定し，観測変数として測定されたデータから得られた性別・卵性別の分散共分散行列を説明するモデルを立てる。この際，双生児ごとに異なる遺伝と環境の影響の違いをきょうだいの間に固定母数として置く。固定母数は相加的遺伝（A）がMZきょうだい間で1，DZきょうだい間で0.5，共有環境（C）がMZとDZ共に1である。

　以上のような基本的方法論を踏まえた，行動遺伝学的手法による性同一性研究を以下に紹介する。

（2）　性同一性と性役割に関する行動遺伝学の先行研究

　双生児法による行動遺伝学分析によって，性同一性あるいは性役割行動の非典型性に関して検討した先行研究は，6本が公刊されている。表にしてまとめた（表1）。

　Buhrich et al.（1991）は，19〜40歳までのオーストラリアの男性双生児（MZ 95組とDZ 63組）を対象にして，性同一性を検討している。その結果，性同一性は，幼少期においても，成人期においても独特の環境要因（E）によって説明され，基本的に同じペア間は相関しないことが明らかになっている。しかし，異性役割行動ではこの寄与率が異なり，幼児期においては，遺伝率が43％，成人期になると，65％にまで上昇する。

　その後，Bailey et al.（2000）は，女性双生児も対象に加えて検討している。対象は，MZ男性が312組，DZ男性が182組，MZ女性が668組，DZ女性が376組であり，年齢の中央値は29歳であった。その結果，幼少期の非典型的な性役割行動については，遺伝率が男性50％，女性37％であった。一方，性同一性に

ついては，Buhrich et al.（1991）の研究ではほぼ遺伝の影響は見出されなかったが，この研究では寄与している（男性31%，女性24%）。同じように，成人を対象に幼少期（12歳前）の性役割行動を回想してもらった Alanko et al.（2010）の研究では，女性の遺伝率が51%，男性が29%であり，特に男性では21%の共有環境要因が見出されている。MZ 906組，DZ 642組の協力を得た女性のみを対象とした Burri et al.（2011）の研究（平均年齢は53歳）では，幼少期の非典型的性役割行動の遺伝率が32%，性同一性の遺伝率11%であり，共有環境は見出されなかった。

　小児・思春期の結果に関しては，まず，Coolidge et al.（2002）が小児・思春期の双子をもつ親による評定で性同一性障害の遺伝率を算出している。この尺度は，DSM-IV診断基準に基づいているとしているが，実際には，異性帰属と異性役割行動についての質問紙であり性別違和については測定していない。対象者は4歳～17歳までの双生児で，MZ 96組，DZ 61組であった。その結果，遺伝率62%であり，残りは E の影響で説明された。しかしこの研究は対象者も少なく，男女込みにして分析している。

　その後，大規模サンプルから検討する研究が2本，報告された。いずれも思春期前の小児をもつ親を対象にした研究である。

　まず，3歳，4歳児の子どもの非典型的性役割行動について報告したのが Knafo et al.（2005）である。彼らは5799組の双生児サンプルの中で，非典型的な性役割行動をとる対象児だけを選出した。そして対象児を，完全に異性役割だけを取る群と，異性役割も同性役割も取る群とに分類した。その結果，女児においては，後群は遺伝（A）および双子の2人が共有している環境（C）要因で非典型的性役割行動が説明されたが，前群は，分散のほとんどを遺伝が説明し，共有環境の効果はなかった。一方，男児においては，どちらの群も共有環境がもっとも寄与していたという（**表1** の ACE の数値は，異性役割だけをとる群のもの）。

　さらに，学童期（7歳児と10歳児）の異性役割行動ついては，van Beijster-veldt et al.（2006）がその遺伝率を算出しており，7歳時で71%，10歳時で77%までもが遺伝で説明されている。なお，遺伝的影響に性差があるという結

表1　性同一性と性役割の

著　者	対象年齢	組　数	性同一性 or 性役割
女児・女性			
Knafo et al.（2005）	3歳，4歳	MZ1564/DZ1446	Gender role
van Beijsterveldt et al.（2006）	7歳	MZ2790/DZ2303	Gender role/identity
	10歳	MZ1811/DZ1308	Gender role/identity
Bailey et al.（2000）	17〜50歳	MZ668/DZ376	Gender role
			Gender identity
Alanko et al.（2010）	33〜43歳	MZ247/DZ270	Gender role
Burri et al.（2011）	16〜87歳	MZ906/DZ642	Gender role
			Gender identity
男児・男性			
Knafo et al.（2005）	3歳，4歳	MZ1362/DZ1427	Gender role
van Beijsterveldt et al.（2006）	7歳	MZ2430/DZ2477	Gender role/identity
	10歳	MZ1496/DZ1367	Gender role/identity
Buhrich et al.（1991）	19〜40歳	MZ95/DZ63	Gender role
			Gender identity
			Gender role
			Gender identity
Bailey et al.（2000）	17〜50歳	MZ312/DZ182	Gender role
			Gender identity
Alanko et al.（2010）	33〜43歳	MZ91/DZ110	Gender role
男女込み			
Coolidge et al.（2002）	4〜17歳	MZ96/DZ61	Gender role/identity

尺　　　　度	A	C	E
Low femininity & high musculinity (PSAI)	.76	.03	.21
"behaves like opposite sex" and "wishes to be of opposite sex"(CBCL)	.77		.23
"behaves like opposite sex" and "wishes to be of opposite sex"(CBCL)	.71		.29
Childhood gender nonconformity	.37		.64
Continuous Gender Identity. ("In many ways, I feel more similar to men than to women." etc.)	.24	.09	.67
The Recalled Childhood Gender Identity/Gender Role Questionnaire (before 12 years old)	.51		.49
Childhood gender typicality ("As a child I was called a 'tomboy' by my peers" etc.)	.32		.68
Adult gender identity ("I pride myself on being feminine", "I don't feel very masculine")	.11		.89
Low masculinity & high femininity (PSAI)	.24	.55	.21
"behaves like opposite sex" and "wishes to be of opposite sex" (CBCL)	.77		.23
"behaves like opposite sex" and "wishes to be of opposite sex" (CBCL)	.71		.29
Childhood: "Preferred to play with girls (until age 7)." "Enjoyed playing with dolls (8 to 13)." etc..	.43	.20	.37
Childhood: Ever wished to be member of opposite sex. (6 to 12)	.00	.04	.96
Others' perception of subject's gender-atypical behavior.	.65		.35
1．Feel that part of self is female.	.00	.28	.72
2．Uncertain of gender identity.			
Childhood gender nonconformity	.50		.50
Continuous Gender Identity. ("In many ways, I feel more similar to men than to women." etc.)	.31		.69
The Recalled Childhood Gender Identity/Gender Role Questionnaire (before 12 years old)	.29	.21	.50
1．My son (daughter) says he or she wants to be a girl (boy).			
2．My son (daughter) likes to dress like a girl (boy).			
3．My son (daughter) likes to pretend he is a girl (boy).			
4．My son (daughter) likes to do things mostly done by girls (boys) more than he likes to do things mostly done by boys (girls).	.62		.38
5．My son (daughter) likes to play with girls (boys) more than he likes to play with boys.			

果は得られなかったという。

　現在までの行動遺伝学による性同一性と性役割に関連する研究から見えてくるのは，小児期の女児の結果は，遺伝率が5〜7割程度で安定しており，また，幼少期を回想させた性役割行動も，性同一性と比較すると高いということは一貫しているようである。

　小児期の男児の結果では，5つ中3つの研究で共有環境要因が見出されていることが特徴的である。しかしながら，成人期の結果は不安定である。現在までのところ，青年期のデータはなく，さらに同一尺度での横断データはないため，発達変遷が推定できない。

4 ‘病理’としての性的自己の非典型性

（1）　性的自己の非典型性に対する医療化の流れ

欧米における医療化の流れ

　現在，非典型的な性的自己の中でも，性別違和をもち，異性に帰属する状態は「性同一性障害」や「性別違和」といった精神疾患であるとされている。したがって，割り当てられた性別とは異なる性別として生きていくことを考えた場合，医療の文脈に沿って性的自己が形成されていくモデルが周知された。

　それでは，このような状態が医療の文脈に組み込まれるようになったのにはどのような変遷があったのだろうか。その流れを追う。

　初めて性的マイノリティを“犯罪者”や“変態”から“病理”として概念化したのは，Krafft-Ebing[13] というドイツの司法精神医学者である。彼は同性に惹かれる人は異性になりたがっており，これを metamorphosis sexualis paranoica と名付け，“性的妄想症”として精神疾患の位置付けを試みた。

　この概念化に対し，異性化を希求する人と同性に惹かれる人とは異なっていることを示すため，Magnus Hirschfeld[14] は，異性化を希求する人を Transves-

tism と名づけ新たに概念化した。Hirschfeld は，自身が男性同性愛者である
と公言していたが，さらに Transvestism の大部分が異性愛者であるというこ
とを主張している。

　その後，いくつか症例報告（Abraham, 1931）がなされたが，Christine Jor-
gensen の存在がマスコミによって報道され脚光を浴びたことが，欧米の一般
社会に流布する契機になったといわれている（Bullough, 1975）。Christine Jor-
gensen は元軍人であったが，除隊後，ホルモンに関する医学研究報告書に遭
遇し，処方箋なしで自らエストロゲンを摂取するようになった。そして，デン
マークの Hamburger 医師（Hamburger et al., 1953）から手術を受け，1953年，
ニューヨークに帰郷した。そこに多くのマスコミが待ち構えており，彼女は一
躍時の人となったのである。

　ニューヨークに戻ってから彼女の主治医となったのが Harry Benjamin であ
る。彼は，ニューヨークの内分泌医であり，Christine Jorgensen のケース報
告を発表した。そのとき，Christine Jorgensen を「男性の身体に閉じ込めら
れた女性」であると表現し，彼女のように“反対の性に属したいという願望を
もち，自然が誤って作った解剖学的性別を訂正したい”と思う状態を Trans-
sexualism（性転換症）であると名付け，身体的特徴を変えることこそが医療
のすべきことであると主張した（Benjamin, 1953）。これにより彼はトランスセ
クシュアリズムの父といわれている。Benjamin 以前にも，1950年には，
David O. Cauldwell が Transsexualism 概念を提唱していたが，一般に理解を
広めたのは Benjamin であり，その後，創設された学会も，彼の死後，1975年
の第5回大会から彼の名を冠し Harry Benjamin International Gender Dys-
phoria Association という名称となった（なお，2007年の第20回大会から
World Professional Association for Transgender Health: WPATH と名称変
更した）。

　しかしながら，精神疾患として Transsexualism が組み込まれるのは，1966
年に Harry Benjamin の著作 *The Transsexual Phenomenon* が出版された15
年も後のことになる。1970年代までは，性転換症（Transsexualism）よりも
同性愛（Homosexual）のほうが精神疾患の主題となっていたのである。

Harry Benjamin が Christine Jorgensen のケース報告を発表した1953年の前年，アメリカ精神医学会は「精神障害の診断と統計の手引き（Diagnostic and Statistical Manual of Mental Disorders: DSM）第1版」を公刊し，このとき，「同性愛」が精神疾患リストの中に組み込まれた。1968年の DSM-Ⅱでは「同性愛」という診断名とともに，「性的指向障害」という名称も採用された。その後，さまざまな立場の精神科医や心理学者，当事者団体などが抗議と議論を重ね，1973年にアメリカ精神医学会は，理事会投票の結果，「同性愛」を DSM から削除することを決定し，次の1980年の DSM-Ⅲでは，「自我異質性同性愛」へと名称変更，さらに1987年の DSM-Ⅲ-R では同性愛に関係する診断名は姿を消すことになった（この経緯については，Kutchins & Kirk (1997) に詳しい）。

　そして，この1980年の DSM-Ⅲから，同性愛と入れ替わるように Transsexualism が診断リストに組み込まれるようになるのである。その際に Gender Identity Disorder of Adolescence or Adulthood Nonsexual Type と Gender Identity Disorder Not Otherwise Specified が導入される。その後，DSM-Ⅳで Transsexualism の名称は消え，Gender Identity Disorder と統一が図られ，DSM-Ⅲから数えると30年以上に渡り，この「性同一性障害」という名称が使用されることとなる。2013年，DSM-5 が出版され，名称は Gender Dysphoria（性別違和[15]）へと変更されることとなり，現在に至っている。しかしながら，ICD-11（国際疾病分類）の改訂はまだ行われていないため，2017年時点では，性別違和（DSM）と性同一性障害[16]（ICD）という異なる診断名が同時に存在している状態にある。

　ICD-10における「F64 性同一性障害」は包括概念であり，その下位概念として，「性転換症」，「両性役割服装倒錯症」，「小児（児童期）の性同一性障害」，「他の性同一性障害」，「性同一性障害，特定不能のもの」がある。Transsexualism は，ICD-10 においては性転換症と訳され，「A．異性の一員として生き，受け入れられたいという願望。通常，外科的治療やホルモン療法によって自分の身体を自分の好む性に可能な限り一致させたいという願望を伴う。B．異性への性同一性が，少なくとも2年間，持続的に存在すること。C．精神分裂病

のような他の精神障害の症状でなく，また染色体異常に関連するものでもないこと」という診断基準をもつ。しかしながら，「性転換者」あるいは「トランスセクシュアル」という表記で医療ではない文脈において使用されることもある。非医療概念の「トランスジェンダー」とは異なる。

　なお，性別を変えて生きていくことを「病理」だとみなしてきた医学のまなざしには，かねてより批判が加えられてきたことにより，ICD の次期改訂では，「精神および行動の障害（F コード）」から外れ，「健康状態に影響を及ぼす要因および保健サービスの利用（Z コード）」に分類され，病名が与えられない状態（depathologization: 脱病理化）とする案が検討されている（Drescher, Cohen-Kettenis, & Reed, 2016）。もしも分類コード変更が現実化した場合，一方（DSM）は精神疾患をもつ患者として，もう一方（ICD）は病気ではないが医療サービスを必要とする利用者として，二本立てで医療や社会が捉えることとなる。これからその過渡期に入っていくことを，強調しておきたい。

日本における医療化の流れ

　日本のトランスジェンダーの公的な医療化は，1995年，当時，埼玉医科大学の形成外科学の教授であった原科孝雄が同大学の倫理委員会に「性転換治療の臨床的研究」を提出したことに始まる。この審議過程と答申では，「性同一性障害を有するものを悩みから解放するために医学が手助けをすることは医療の立場からは正当なこと」とされ，「医学的に侵襲の比較的少ない精神療法，ホルモン療法がまず試みられ，その上で必要と判断された場合には十分な informed consent を得たうえで，手術療法も選択されるべきであろう」（埼玉医科大学倫理委員会, 1996）と明確化された。

　この見解に対し，日本精神神経学会が1997年，「性同一性障害に関する答申と提言」と診断基準と治療に関するガイドラインを発表した。そしてこのガイドラインに基づき埼玉医科大学でわが国初の倫理委員会を経た性別適合手術のニュースが報道され，医療としての位置づけが一般に周知されるようになった。

　その後，日本社会は，加速度的に性同一性障害を受け入れていく。まず，

1998年に，性同一性障害を理由とした改名を家庭裁判所が認める。2002年には，「3年B組金八先生」というテレビドラマで性同一性障害をもつ中学生が取り上げられ，一般家庭にもこの概念が浸透するようになる。2003年，性同一性障害を公表し，世田谷区議会に立候補した上川あや氏が当選（上川，2007）。同年には，「性同一性障害者の性別の取扱いの特例に関する法律」が公布され（詳細は南野（2004）），2008年には要件を緩和する法案が可決されるまでに至った。このように，医学的に解決する疾患であるという認知が広まるにつれ，性同一性障害は，わが国に急速に周知される存在となったのである。[17]

　この「性同一性障害概念受容」の端的な例としては，文部科学省の取り組みが挙げられる。2010年に事務連絡「児童生徒が抱える問題に対しての教育相談の徹底について」を発出し，性同一性障害を抱える児童生徒の心情に十分配慮した対応を各教育委員会に求め，2014年には「学校における性同一性障害に係る対応に関する状況調査」を悉皆的に全学校に実施，そして2015年に「性同一性障害に係る児童生徒に対するきめ細かな対応の実施等について（平成27年4月30日児童生徒課長通知）」を発出するなど，多様な性の中でも“性同一性障害”に特化した支援を明確化している。

　日本では，性的な多様性を「罪」として排除しようとする宗教的な背景が弱く，また，欧米社会などにみられるような当事者の権利運動が目立たない状況にある。むしろ日本の場合は，芸能の世界で大衆から人気を博す，歌舞伎，宝塚，ニューハーフショーといった文化があり，芸能以外にも，女装コミュニティや女装クラブ，女装コンテストなどプロ・アマチュア問わず，異性装を楽しむ豊かな文化が医療とは全く異なる文脈で根付いていた。[18]

　このことについて三橋（2008）は「日本人は，性別越境の芸能に強い嗜好があること，異性装者に対して，少なくとも個人レベルでは，比較的寛容な意識をもっていること，そうした文化や意識は世界の中でかなり特異であること，そしてそのことにほとんどの日本人が気づいていないこと」を指摘している。

　一方，芸能や祭りなどではなく日常で異性装をすれば「オカマ」や「オナベ」という蔑称が浴びせられ，同じ異性装でもハレとケで異なる扱いを受ける。性同一性障害概念は，芸能や祭りに並ぶ「特別感」を与えたとも考えられる。

特別な人や場であれば寛容であった日本人は,「病気の人」という特別な人で
あれば寛容になれ, 結果として急速に理解を示すようになったと推察される。

　このような「医療を通じるのであれば許容される」と当事者が規範化される
プロセスと論考については, 鶴田 (2009) が詳しい。いかに当事者が医療の文
脈の中で「正当な患者としての自己」を呈示しているのか, 呈示せざるを得な
いのかを知ることができる。

（2）　性同一性の非典型性に対する医療による介入

心理療法による性同一性への介入

　これまでみてきたように, トランスジェンダーは, 異性装をすることや身体
的な性別の特徴を変えるといった外見の変更に希求があることが一般的である。
　しかし, 精神分析の観点からの治療では, 外見を変えて生きていくことへの
サポートよりも, 当事者の深層心理を丁寧に分析し, 性別違和という表出の奥
に潜む無意識の葛藤を扱うことが行われてきた。これは, 中立的な治療立場を
取りつつも, 性別違和を精神病に近い妄想性のもの, 自己愛の障害, 同性愛へ
の心理的防衛, 不安をかき立てる性役割不全への防衛, 母親との分離―個体化
の失敗などを原因として想定し (Chiland, 2000; Kavanaugh & Volkan, 1978;
Kubie & Mackie, 1968; Lothstein, 1984; Meyer, 1982), それらの葛藤が意識化でき
た時, 割り当てられた性別を受容できるようになるという理論に基づいている。
しかしながらこのような精神分析の事例研究については, 性同一性の概念化が
論文によって異なるため, 治療に効果があったのか否かは臨床家の全体的な印
象であることもあり, また治療をしていなくても性別移行の欲求がなくなるケー
スもあり, さらに変化があったとするケースも "変更" への動機づけが高い
といったことが挙げられ (Cohen-Kettenis & Pfäfflin, 2003), 確固としたエビデン
スとして挙げられるわけではない。ケースによっては有効な場合もあるという
事例報告であり,「個別事例の一般化」をすることはできないので, 治療効果
については留保されているのが現状である。
　また, 行動療法による性同一性への介入についても同様の状況であるが, い

くつかの事例が報告されている。たとえば，自分の性別を受容したいという「強い欲求」がある場合は，行動療法で変えることができたという事例が報告されている（Barlow et al., 1973）。この事例はさらに5年後のフォローアップでもその効果が継続していたという（Barlow et al., 1979）。その後も，Hay ら（1981）や Edelman（1986）が行動療法で性別違和を治療している。Edelman（1986）の報告するトランス女性のクライエントは，両性具有的行動がしっくりくるとフォローアップで報告し，身体的な医学的介入をしないで至っている。

　日本で大学病院による「性同一性障害医療」が始まるずっと以前から，精神分析家の立場としてこの領域を牽引してきたのは，及川（2016）である。及川は，1970年代から精力的にこのテーマを追い続け，豊富な臨床例からさまざまな考察をしている。及川は積極的に性同一性を変更するための精神分析を提供しているわけではないが，精神療法的かかわりの中で，性別を変更せずして生きていく選択をする事例をさまざまに呈示している。

　また，その他にも，積極的に性別違和を受容に向かわせるよう治療した報告はないものの，性別違和を表明した患者に対し，精神分析的解釈のプロセスで，異性として生きていこうとする患者の願望が消失したという報告はある（古橋，2005；山科，1997・1999）。

　このように，帰属する性別が明確に異性であり，それを変更するという意思をもたない場合は，心理療法は困難であることが長らく示されてきた。次第に心理療法は，性同一性を「変える変えない」という文脈では語られなくなり，性同一性の「安全な自己探求の場」として機能するようになってきた。たとえば Price（1985）のケース報告では，深い自己探求のカウンセリングを経て，もはやクライエントの抱えている問題の理由が"男性の身体に閉じ込められた女性"神話に帰属するものではないという気付きを得，安心して性別適合手術を受けられるようになるといったプロセスが導かれたと示されている。このような流れの精神療法を行う松永（2011）は，精神療法を通じて性同一性を自我同一性に統合することを促進し，最終的には「もはや性別を意識せずに生活が出来るようになれば，身体的治療の有無にかかわらず，性同一性障害の治療は終結となる」という表現をしている。また，グループ認知行動療法によって，

グループ内で不適応な信念（たとえば"完璧な女性の身体になりたい"，"本当の私を受け入れてくれる人はいない"）に挑戦していくという試みも行われている（Maguen et al., 2005）。

さらには，性別違和や男か女かというテーマに固執するのではなく，オールタナティブな性別のありようや選択を探求できるようにし，非伝統的な性同一性を肯定的に捉えるべきだとする心理学者も現れてきている（Carroll & Gilroy, 2002）。

なお，現在では，World Professinal Association for Transgender Health（WPATH: 世界トランスジェンダーヘルス専門家協会）がヘルスケアのためのガイドラインを作成しており，第7版まで改訂が重ねられている（邦訳版はWPATH の公式ウェブサイトより無料ダウンロード可能[19]）。ここでも，性同一性への介入への目的は，「ジェンダー・アイデンティティを模索すること，性別違和やスティグマがメンタルヘルスに与え得るネガティブな影響に対処すること，内在化されたトランスフォビアを緩和すること，社会的支援やピア・サポートを強化すること，身体イメージをよりよいものにすること，レジリエンスを高めることにある」（WPATH, 2012）と明記されている。

身体への医学的介入

それでは，医学的な身体への介入には，どのような効果があるのであろうか。トランスジェンダーの主な医学的身体治療は，一般的にホルモン療法，乳房切除術（トランス男性のみ），および性別適合手術（以下，Sex reassignment surgery: SRS と表記）などが挙げられる。

術後の追跡調査は70年代からされており，特筆すべきはジョンズ・ホプキンス大学病院での追跡調査の結果，SRS が特に QOL の向上をもたらさなかった（Meyer & Reter, 1979）ということから，同大学が SRS から手を引いたという出来事である。

しかしその後，その他の研究者たちが本当に SRS に効果がないのか否か再吟味を行うようになった。20年間のレビューをした Abramovits（1986）の研究では，予後がよくないケースは8％であり，トランス女性よりもトランス男

性のほうがより予後がよいと報告した。トランス女性のほうがトランス男性に比べ術後の結果が芳しくないという報告は Kockott et al.（1988）でも同様であった。80年代についてのレビューについては，少なくとも 1 年の追跡調査では予後は良いとされ，トランス男性の97％，トランス女性の87％が「手術に満足」していた（Green & Fleming, 1990）。

　スウェーデンでの追跡調査（Landen' et al., 1998）では3.8％のトランスジェンダーが手術に後悔していたが，その要因は家族のサポートがないこと，および性転換症（Transsexualism）のコアグループではないことであったという。性転換症のコアグループとは，身体的な性徴を嫌悪し，幼少期から異性役割を示し，異性装に性的欲求がなく，性的指向は性同一性とは異なる性別に向き，性別違和が変動しないというグループのことである。

　1961年から1991年にわたる国際的な追跡調査でも，SRS を後悔しているのは 2 ％以下であり，トランス男性のほうが予後がよい（Pfafflin & Junge, 1998）。したがって，全体的にみれば SRS は効果的であるが，これは "自分が受けた手術に満足している"，あるいは "社会生活に問題がない（functioning）" という意味での予後のよさであることは留意すべきである。いずれにせよ，"身体的な治療をしたことを後悔している者はほとんどいない"（von Kesteren et al., 1996; Kuiper & Cohen-Kettenis, 1988; Lawrence, 2003; Meyer & Reter, 1979; Rakic et al., 1996; Rehman et al., 1999）ことは，多くの研究で報告されている。

＊　　＊　　＊　　＊　　＊

　以上，これまでの先行研究を概観し，性別の割り当て，家族関係，社会構造，ホルモン，脳，遺伝など多岐にわたる要因によって，性同一性が育まれていることについて紹介した。決して単一要因で性同一性が成り立っているわけではないということを先行研究は明らかにしている。そこで本書では，こうした多岐にわたる要因を「遺伝要因」と「環境要因」として分け，性同一性が育まれる際の，遺伝要因と環境要因の相対的影響力について検討することにした。特に，性同一性が発達するという観点を用い，幼少期から成人期に至る発達の流れの中で，遺伝の影響力が変化していくのか否かという点を明らかにしていき

たい。これを第2章で扱う。

　次に第3章では，医療によって性的自己を形成していくという当事者のありようを標準としてきた日本における，トランスジェンダーの当事者の性同一性の形成に関して実証データから明らかにしていく。第1章で触れてきたように，欧米では，同性愛の精神疾患化が先にあり，この精神疾患化からの脱却を契機として性同一性障害概念が抽出され，現在では精神疾患化も批判にさらされるという状況に至っているが，日本の場合は，同性愛の精神疾患化に対する精神科医療での大きなうねりはみられず，その後，欧米での脱精神病理化を受けて日本精神神経学会もまた1995年に同性愛は精神障害ではないという公式見解を発表しているものの，実質上，多くの精神科医も，そしてまた日本社会もそれを大きく取り上げることはなく，突然1990年代に入り，性同一性障害という医療概念が活気づいたという流れとなっている。この間，欧米ではゲイ・レズビアンに関するさまざまな権利運動などが立ち上がり，同性結婚できる国々も現れてきたが，日本の場合，ゲイ・レズビアンの権利運動は草の根でいくつか存在していたものの，社会的インパクトを与えるというレベルには至らなかった。したがって，欧米では性的マイノリティといえばまずはゲイ・レズビアンが可視化されるのに対し，日本の場合は性的マイノリティといえば，まずは性同一性障害という医療概念がもっとも人々の知るところとなった。このような状況下でのトランスジェンダーの性同一性形成には，当然ながら〈医療〉が大きな影響を与える。しかし一方で，医療のみでアイデンティティが形成されるわけでもない。本書では，この〈医療以外の〉要因について仔細に検討していく。

●◉注
　1）特にエビデンスについては触れられていない。
　2）2010年以降の文部科学省の路線変更については，第1章4節（1）の「日本における医療化の流れ」を参照のこと。
　3）本書では「性分化疾患」と「インターセックス」を併記する。2006年に Lawson Wilkins 小児内分泌学会（LWPES）および欧州小児内分泌学会（ESPE）のコンセンサス・ミーティングにおいて DSD: Disorders of Sexual Development と表記することが合意され，それを受け2008年に日本小児内分泌学会でも「性分化・発

達障害」と表記されるようになり，さらに2009年に栃木で開催された日本小児内分泌学会において，「性分化疾患」として名称統一することを定めた。一方で，さまざまな身体上の性的多様性を「疾患」として捉える決定に疑義を唱える動きもあり「インターセックス」の名称は保持されているため，併記をする。

4）Money が証拠の1つとして挙げた一卵性双生児の症例については，解剖学や生殖生理学の研究者である Diamond（1982）が，異論を唱えている。彼はイギリスの BBC 放送局のドキュメンタリー番組の追跡調査をきっかけに，Money が根拠にしていた事例の1つである双子の症例に反論をした。追跡調査では，女性アイデンティティを発達させたとした子どもは，思春期を過ぎて男性として生活をしており，女性と結婚していたということが明らかとなったのである。この双子をめぐる一連の動向は，書籍『ブレンダと呼ばれた少年』（Colapinto, 2000）に詳しい。「性同一性発達の理解は，パラダイムシフトをしており，過去の『生まれたときは中性で，その後の養育で性同一性が発達する』という学習パラダイムから，『出生前から生来的な傾向つまり男性か女性かのアイデンティティへの偏向がある』という氏と育ちの相互作用パラダイムへと変化している」と Diamond（2006）は述べ，再度 Money への反論をしている。

5）Money の論文は多数あり本書ですべてを追うことはできないが，後年，特に90年代に入ってからは「すべての発達段階で，純粋に nature だけだとか，nurture だけだとかいうことはない。（中略）……刷り込み学習は，脳で固定され，生涯残るよう "忘れる unlearning" ことに抵抗していく。いったん刷り込みが脳に固定されればそれは nature として機能し，nurture ではなくなる。どのように発生したかにかかわらず，脳の生物学的な構成物となるのである」（Money, 1995）と述べていたり，「nature needs nurture」（Money, 2002）と述べていることを付記する。

6）遺伝に関して Freud は，同じ論文の中で「別の因子が作用しなくても必ず異常な性生活を作り上げるに違いないような根源的な素因の変異もまた確かに考えることができる。そのときわれわれはそれを "変質的な" 素因とよび，遺伝による悪化の表れとみなすことができる」と述べ，彼の患者の重症例の半数以上が，父親が梅毒でありながら本人は遺伝梅毒の身体的徴候をもっていなかったことを挙げ，「異常な性体質は梅毒の遺伝の支脈の中では最後のものと考えるべきだ，とはっきり言いたい」と書いている。

7）control 群との有意差はなかった（Roberts et al., 1987）。

8）control 群が女装をしないため，control 群を設定できないという批判がある（Zucker & Green, 1992）。

9）原因なのか結果なのか明らかではないという批判がある（Zucker & Bradley, 1995）。

10）Y染色体のSRY遺伝子（sex determining region Y）上に存在する遺伝子により作られるタンパク質。生殖腺原基を精巣として分化させる作用をもつ。

11）特にジェンダー研究において影響力の強いButler（1990）は，ジェンダー・アイデンティティという概念に対して，個人よりも社会に重きを置き，以下のように述べている。「『ひと』の『首尾一貫性』とか『連続性』というのは，ひとであるための論理的，解剖学的な特性ではなく，むしろ，社会的に設定され維持されている理解可能性の規範なのである。（中略）……したがって，不動の実体とか，ジェンダー化された自己という見せかけ――すなわち心理学者のロバート・ストラーが『ジェンダーの核』といったもの――は，さまざまな属性を，文化的に確立された首尾一貫性のラインにそって規制することで生産されているものに過ぎない」。

12）ジェンダー・スキーマとは，ジェンダーに関わる心的表象のことである。ジェンダー・スキーマ理論によると，子どもは男女に関する素朴理論（日常生活の中で経験的に自然発生する思い込みによって概念形成を行っているという考え方）をつくり，それに基づいて自己の性別に相応しい行動をとると考えられている。

13）1886年初版 Psychopathia Sexualis: eine Klinisch-Forensische Studie

14）1910年初版 Die Transvestiten: eine Untersuchung über den erotischen Verkleidungstrieb: mit umfangreichen casuistischen und historischen Material

15）DSM-5（第5版）における「性別違和」の診断基準は以下である。

302.6 子どもの性別違和

A．その人が体験し，または表出するジェンダーと，指定されたジェンダーの間の著しい不一致が，少なくとも6カ月，以下のうち6つ以上によって示される（その中の1つは基準A1でなければならない）。

(1)反対のジェンダーになりたいという強い欲求，または自分は違うジェンダー（または指定されたジェンダーとは異なる別のジェンダー）であるという主張

(2)（指定されたジェンダーが）男の子の場合，女の子の服を身につけること，または女装をまねることを強く好む。また，（指定されたジェンダーが）女の子の場合，定型的な男性の衣服のみを身につけることを強く好み，定型的な女の子の衣服を着ることへの強い抵抗を示す

(3)ごっこ遊びや空想遊びにおいては，反対のジェンダーの役割を強く好む

(4)反対のジェンダーに定型的に使用されたりまたは行われたりする玩具やゲームまたは活動を強く好む

(5)反対のジェンダーの遊び友達を強く好む

(6)（指定されたジェンダーが）男の子の場合，男の子に定型的な玩具やゲーム，活動を強く拒み，乱暴で荒々しい遊びを強く避ける。また，（指定されたジェンダーが）女の子の場合，女の子に定型的な玩具やゲーム，活動を強く拒む

(7)自分の性器の構造を強く嫌悪する

(8)自分の体験するジェンダーに合う第一次および第二次性徴を強く望む

B．その状態は，臨床的に意味のある苦痛，または社会，学校，または他の重要な領域における機能の障害と関連している。

▶該当すれば特定せよ

性分化疾患を伴う（例：255.2【E25.0】先天性副腎過形成，または259.50【E34.50】男性ホルモン不応症候群などの先天性副腎性器障害）

コードするときの注：性別違和とともにその性分化疾患をコードせよ

302.85　青年および成人の性別違和

A．その人が体験し，または表出するジェンダーと，指定されたジェンダーの間の著しい不一致が，少なくとも6カ月，以下のうち2つ以上によって示される。

(1)その人が体験し，または表出するジェンダーと，第一次および／または第二次性徴（または若年青年においては予測される第二次性徴）との間の著しい不一致

(2)その人が体験し，または表出するジェンダーとの著しい不一致のために，第一次および／また第二次性徴から解放されたい（または若年青年においては，予想される第二次性徴の発現をくい止めたい）という強い欲求

(3)反対のジェンダーの第一次および／または第二次性徴を強く望む。

(4)反対のジェンダー（または指定されたジェンダーとは異なる別のジェンダー）になりたいという強い欲求

(5)反対のジェンダー（または指定されたジェンダーとは異なる別のジェンダー）として扱われたいという強い欲求

(6)反対のジェンダー（または指定されたジェンダーとは異なる別のジェンダー）に定型的な感情や反応を持っているという強い確信

B．その状態は，臨床的に意味のある苦痛，または社会，職業，または他の重要な領域における機能の障害と関連している。

▶該当すれば特定せよ

性分化疾患を伴う（例：255.2【E25.0】先天性副腎過形成，または259.50【E34.50】男性ホルモン不応症候群などの先天性副腎性器障害）

コードするときの注：性別違和とともにその性分化疾患をコードせよ

▶該当すれば特定せよ

　性別移行後：その人は自分の望むジェンダーとしての恒常的生活へ移行しており（法律上の性別変更の有無を問わない），少なくとも1つの医学的性転換処置，または治療計画，すなわち自分の望むジェンダーを確立させるための定期的な性転換ホルモン治療，または性別適合手術（例：出生時が男性の場合の陰茎切除や膣形成，出生時が女性の場合の乳房切除術あるいは陰茎形成）を行った（または，準備している）

302.6　他の特定される性別違和

　このカテゴリーは，臨床的に意味のある苦痛，または社会的，職業的，またはほかの重要な領域における機能の障害を引き起こす性別違和に特徴的な症状が優勢であるが，性別違和の基準を完全には満たさない場合に適用される。他の特定される性別違和のカテゴリーは，臨床家が，その症状が性別違和の基準を満たさないという特定の理由を伝える選択をする場合に使用される。これは，「他の特定される性別違和」の後に特定の理由（例：「短期の性別違和」）を記録することによって行われる。

　「他の特定される」という用語を使用して特定できる症状の例は以下である。現在の障害は性別違和の症状の基準を満たしているが，その期間が6カ月未満である。

302.6　特定不能の性別違和

　このカテゴリーは，臨床的に意味のある苦痛，または社会的，職業的，またはほかの重要な領域における機能の障害を引き起こす性別違和に特徴的な症状が優勢であるが，性別違和の基準を完全には満たさない場合に適用される。特定不能の性別違和のカテゴリーは，臨床家が，性別違和の基準を満たさないとする理由を特定しないことを選択する場合，およびより特定の診断を下すのに十分な情報がない状況において使用される。

　なお，改定前であるDSM-Ⅳ-TR（第4版改訂版）の「性同一性障害」の診断基準は以下である。
A．反対の性に対する強く持続的な同一感（他の性であることによって得られると思う文化的有利性に対する欲求だけではない）。
●子どもの場合，その障害は以下の4つ（またはそれ以上）によって表れる。
　1）反対の性になりたいという欲求，または自分の性が反対であるという主張

を繰り返し述べる。

2）男の子の場合，女の子の服を着るのを好む，または女装を真似ることを好むこと。

女の子の場合，定型的な男性の服装のみを身につけたいと主張すること。

3）ごっこあそびで，反対の性の役割をとりたいという気持ちが強く持続すること，または反対の性であるという空想を続けること。

4）反対の性の典型的なゲームや娯楽に加わりたいという強い欲求。

5）反対の性の遊び仲間になるのを強く好む。

●青年及び成人の場合，次のような症状で現れる。

反対の性になりたいという欲求を口にする，何度も反対の性として通用する，反対の性として生きたい，または扱われたいという欲求，または反対の性に典型的な気持ちや反応を自分が持っているという確信。

B．自分の性に対する持続的な不快感，またはその性の役割についての不適切感。

●子どもの場合，障害は以下のどれかの形で現れる。

男の子の場合：

自分のペニスまたは睾丸は気持ち悪い，またはそれがなくなるだろうと主張する，またはペニスを持っていない方が良かったと主張する，または乱暴で荒々しい遊びを嫌悪し，男の子に典型的な玩具，ゲーム，活動を拒否する。

女の子の場合：

座って排尿するのを拒絶し，または乳房が膨らんだり，または月経が始まって欲しくないと主張する，または，普通の女性の服装を強く嫌悪する。

●青年及び成人の場合，障害は以下のような形で現れる。

それは，自分の第一次および第二次性徴から解放されたいという考えにとらわれる。

（例：反対の性らしくなるために，性的な特徴を身体的に変化させるホルモン，手術，または他の方法を要求する），または自分が誤った性に生まれたと信じる。

C．その障害は，身体的に半陰陽を伴ったものではない。

D．その障害は，臨床的に著しい苦痛または，社会的，職業的または他の重要な領域における機能の障害を引き起こしている。

⇒現在の年齢に基づいてコード番号をつけること：

302.6：小児の性同一性障害

302.85：青年または成人の性同一性障害

▶該当すれば特定せよ（性的に成熟した者に対して）

男性に性的魅力を感じる

女性に性的魅力を感じる

両性ともに性的魅力を感じる

両性ともに性的魅力を感じない

302.6：特定不能の性同一性障害

　このカテゴリーは，特定の性同一性障害として分類できない性同一性の障害にコード番号をつけるために入れられている。その例を挙げると，

1．半陰陽状態（例：アンドロゲン不応症候群または先天性副腎過形成）に，性別に関する不快感を伴っているもの。

2．一過性のストレスに関連した服装倒錯行動。

3．去勢や陰茎切除の考えに持続的にとらわれていて，反対の性の特徴を獲得したい欲求は伴っていないもの。

302.9：特定不能の性障害

　このカテゴリーは，どの特定の性障害の基準も満たさず，性機能不全でも性嗜好異常でもない性的障害にコード番号をつけるために入れられている。その例を挙げると，

1．自己設定した男らしさまたは女らしさの基準に関連した性的行為，またはそれ以外の特徴に関する強い不全感。

2．自分にとっては利用する物としてしか体験されない愛人を次々もって性的関係を繰り返すやり方に対する苦痛。

3．自分の性的指向に対する持続的で著しい苦痛。

16）ICD-10における性同一性障害とそれに関連した診断基準は以下である。

F64　性同一性障害　Gender identity disorder

F64.0　性転換症　Transsexualism

A．異性の一員として生き，受け入れられたいという願望。通常，外科的治療やホルモン療法によって自分の身体を自分の好む性に可能な限り一致させたいという願望を伴う。

B．異性への性同一性が，少なくとも2年間，持続的に存在すること。

C．精神分裂病のような他の精神障害の症状でなく，また染色体異常に関連するものでもないこと。

F64.1　両性役割服装倒錯症　Dual-role transvestism

A．一時的に異性の一員になる体験をするために，異性の衣服を着用すること。

B．服装を取り変えることについては性的な動機は全くないこと。

C．永続的に異性に変わりたいという願望は全くないこと。

F64.2　小児期の性同一性障害　Gender identity disorder of childhood

•女性の場合には，

A．少女であることについての持続的で強い苦悩と，少年でありたいという欲求の表明（単に，文化的に少年である方が有利だからというだけの欲求ではなく），または自分が少年であるという主張。

B．つぎの(1)・(2)のいずれかがあること。

　(1)あたりまえの女らしい服装を明らかに持続的に嫌悪し，型どおりの男らしい服装，例えば少年の下着や他のアクセサリーを着用すると言い張る。

　(2)女性の解剖学的構造を持続的に否認する。それは次のうちの少なくとも1項に示される。

　　(a)自分にはペニスがある，またはペニスが生えてくるだろうという主張。

　　(b)座った姿勢での排尿の拒絶。

　　(c)乳房の成長や月経を望んでいないという主張。

C．思春期にはまだ入っていないこと。

D．この障害は，少なくとも6カ月存在していること。

•男性の場合には，

A．少年であることについての持続的で強い苦悩と，少女でありたいという強い欲求，またはより稀には，自分が少女であるという主張。

B．次の(1)・(2)のいずれかがあること。

　(1)女性の定型的な行動に心を奪われる。これは女性の服を着たり，女装したりすることを好むこと，あるいは少女のゲームや遊戯に参加することに強い欲望をもつ一方，男性の定型的な玩具やゲーム，活動を拒絶することで示される。

　(2)男性の解剖学的な構造を持続的に否認する。それは次の主張の繰り返しのうちの少なくとも1項に示される。

　　(a)自分は成長して女になるであろう（単に役割においてではなく）。

　　(b)自分のペニスや睾丸が嫌だ，または消えてなくなるだろう。

　　(c)ペニスや睾丸はないほうが良い。

C．思春期にはまだ入っていないこと。

D．この障害は，少なくとも6カ月存在していること。

F64.8　他の性同一性障害

F64.9　性同一性障害，特定不能のもの

F66　性の発達と指向に関連した心理及び行動の障害

　　この項は，性の発達及び指向が変異していることによって生じる問題を扱うためのもので，性指向それ自体は必ずしも問題でも異常でもない。

F66.0　性成熟障害　Sexual maturation disorder

　　性同一性あるいは性的指向が曖昧なことに悩むものであり，それが不安や抑うつを引き起こしている。

F66.1　自我違和的な性的指向　Egodystonic sexual orientation

　　性同一性あるいは性的指向に問題はないが，本人は現実と異なるものを望んでいる。

F66.2　性関係障害　Sexual relationship disorder

　　性同一性あるいは性的嗜好の異常が原因で，性的パートナーと関係を作ったり維持していくことが困難である。

F66.8　他の心理的発達障害

F66.9　心理的発達障害，特定不能のもの

17）急速に受け入れられた背景には，トランスジェンダー当事者運動が活発であったことにも一因がある。これは野宮（2004）に詳細がまとめられている。

18）日本のトランスジェンダーに関する概観は，三橋（2006）に詳しい。女装などのコミュニティと性同一性障害コミュニティの形成過程や意識差についてなど知れる。

19）中塚幹也・東優子・佐々木掌子（監訳）「トランスセクシュアル，トランスジェンダー，ジェンダーに非同調な人々のためのケア基準」http://www.wpath.org/site_page.cfm?pk_association_webpage_menu=1351&pk_association_webpage=5099

第2章

双生児データによる
性同一性障害傾向の発達メカニズム

研究Ⅰ

第1章2節でみてきたように，これまでの研究では，性同一性に寄与するさまざまな要因が研究されてきた。生物学の知見と人文社会科学の知見は解離しているため，同じ現象に対して，これらの知見をどう総合的に判断し，どう組織立てるのかは困難である。その橋渡しを担いうるのが，行動遺伝学であるといえる。行動遺伝学の最大のメリットは，遺伝のみならず環境の影響も込みにして検討ができるという点である。性同一性に対して遺伝と環境がどういった力学を生じさせているのかを表現できるため，両者をつなぐ新たな視点を提供しうるといえる。

1 小児期から成人期までの性同一性障害傾向の遺伝と環境の影響

　第1章3節(2)において，性同一性と性役割に関する行動遺伝学の先行研究を挙げたように，現在までのところ青年期のデータはなく，その上，同一尺度での横断データはないため，発達変遷が推定できなかった。

　そこで，同一尺度を各年齢対象群に実施することで，遺伝と環境の影響力の発達的変化を検討した。これにより，遺伝と環境の動的変化について言及が可能になる。

(1)　方　法

調査協力者

　首都圏ふたごプロジェクト (ToTCoP) では，2004年12月から2006年3月にかけて，東京都・神奈川県・埼玉県・千葉県のほぼすべての地方自治体の住民基本台帳から，3歳から26歳の双生児とみなされる同家庭に居住する同生年月日の2名を悉皆的に抽出することにより，双生児レジストリを作成した。同プロジェクトは2007年3月，このレジストリを5つの年齢区分に分割し，各区分それぞれについて約60％にあたる総計22083世帯を無作為抽出し，『ふたごを対象としたこころとからだの成長・子育て・教育に関する大規模調査』を郵送法にて実施した。この大規模調査では，パーソナリティ，身体疾患，養育態度，学業成績など100項目以上にわたる質問をしており，その中に性同一性障害に関する項目を含んだ。

　有効回答数は，男性ペアが1450組，女性ペアが1882組，男女ペアが1022組であった。年齢区分は，成人期を19〜26歳，青年期を13〜18歳，小児期を3〜12歳とした。小児期は親に評定をしてもらった。親評定については，保護者1名から回答を求め，誰が回答するかは任意とした。評定者は母親1583名，父親112名，不明が10名であった。

回答は任意かつ匿名であり，返信がなくても，あるいはどのような回答内容であろうとも回答者に不利益はないことを研究の目的と共に説明書に明記した。調査票は回答者1名につき1部とし，回答に際しては家族と相談しないこと，回答後は調査票を封緘することを求め，回答が人目に触れることのないよう配慮した。調査実施にあたっては，慶應義塾大学文学部倫理委員会の承認を得た。

質問項目と性同一性障害傾向の基準

性同一性障害傾向は，DSM-Ⅳ-TR に基づき，A．反対の性に対する強く持続的な同一感，B．自分の性に対する持続的な不快感，またはその性の役割についての不適切感という2つの診断基準について4項目にて測定した。項目内容については，Coolidge（1998）が作成した CPNI（Coolidge Personality and Neuropsychological Inventory for Children）を参考にした。

本研究ではこれに基づき以下の4つの項目を用いた。1．違う性別になりたい（小児の親評定「違う性別になりたいと言う」），2．違う性別として扱われたい（小児の親評定「違う性別に典型的な格好をしたがる」），3．今の性別であることがいやである（小児の親評定「今の自分の性別をいやがる」），4．自分の性別だけにある身体の特徴を変えたい（小児の親評定「自分の性別だけにある身体の特徴をいやがる」）。これら4項目について6件法（全くあてはまらない〜とてもよくあてはまる）で回答してもらった。4〜24点が得点範囲内となる。

本研究における性同一性障害の基準については，A基準（項目1，2）及びB基準（項目3，4）両者について，4点以上（どちらかといえば当てはまる）と回答した者を「性同一性障害傾向あり群」とみなし，それ以外の回答者を「性同一性障害傾向なし群」とした。たとえば，A基準が6点＋6点で12点を得点していたとしても，B基準でどちらの項目も4点以上をつけなければ，異性帰属だけが強く性別違和がないとして「性同一性障害傾向なし群」とみなした。

本書のすべての分析に際しては，構造方程式モデリングを使用する場合は，ソフトフェア Mplus（Muthen & Muthen, 2006）を使用している。そのほかの分析は，SPSS である。

通常，性同一性障害の診断では AB 基準を満たすがゆえに社会的機能が低下しているのか否かが重要な基準であり，また，性分化疾患・インターセックスの除外診断が必要である。したがって，本研究で“性同一性障害傾向あり”とみなされた者が実際に性同一性障害であるかどうかは保証できない。

（2）　結　果

共分散構造分析による性同一性障害傾向の男女差と発達段階差の検討

　まず，得点分布を図4に示す。左に寄った歪度が大きい分布であることが分かる。得点分布の範囲は4点から24点であり，まったく性同一性障害の傾向をもたない（すなわち4点）と回答した協力者がほとんどではあるものの，特に女性の分布は4点以外のところにも小さく盛り上がりがみえる。

　男女で，さらには発達段階で，性同一性障害傾向に平均値の差があるのか否かを検討するため，共分散構造分析によって得点差の比較を行った。これは，双生児きょうだい同士は遺伝的，環境的類似性を有するものであり，対応のあるデータとみなされるため，分散分析で検討するのは不適切であるためである。

　男女差については，双生児のきょうだいすべてで平均値が違うとしたモデル（これを飽和モデルとする）に対し，各発達段階別に等値制約をかけていき，どの制約をかけた時点で，もっともモデル適合がよいのかを比較した。発達段階差についても同様の手順である。比較したモデルを表2および表4に，その結果を表3および表5に示す。

　AIC は，サンプルサイズが大きなときにパラメタの多いモデルを不当に採択しやすい傾向があり，さらに行動遺伝学では χ 二乗値によって採択モデルを決定することが慣例となっていることから，男女差検定で採択されたモデルは，すべての発達段階でモデル5の“男性ペアはすべて同値であり，女性ペアはすべて同値であるとするモデル”であった。発達差検定で採択されたモデルは，男性がモデル10の“青年期と成人期は同値であるが小児期は異なるとするモデル”，女性がモデル7の“小児期，青年期，成人期がそれぞれ異なるとするモデル”であった。

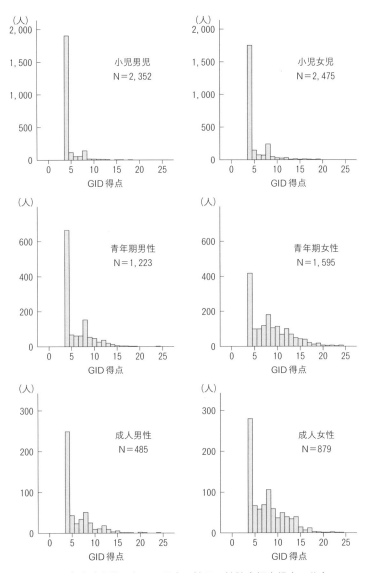

図 4　各発達段階における男女の性同一性障害傾向得点の分布

表2 男女差の検定で比較したモデル

モデル0 （飽和モデル）6個の平均はすべて異なる
モデル1．男性ペアの twin1＝男性ペアの twin2
モデル2．男性ペアの twin1＝男性ペアの twin2＝異性ペアの twin1（男性）
モデル3．女性ペアの twin1＝女性ペアの twin2
モデル4．女性ペアの twin1＝女性ペアの twin2＝異性ペアの twin2（女性）
モデル5．男性ペアの twin1＝男性ペアの twin2＝異性ペアの twin1（男性），女性ペアの twin1＝
　　　　女性ペアの twin2＝異性ペアの twin2（女性）
モデル6．男性ペアの twin1＝男性ペアの twin2＝異性ペアの twin1（男性）＝女性ペアの twin1＝
　　　　女性ペアの twin2＝異性ペアの twin2（女性）

表3 発達段階別の男女差検定

小児期の男女比較	χ^2	$\Delta\chi^2$	Δdf	p 値	AIC
飽和モデル	19575.9	0	0		9939.92
モデル1	19576.9	1	1	0.32	9938.91
モデル2	19577.9	2	2	0.37	9937.92
モデル3	19577.3	1.4	1	0.24	9939.31
モデル4	19580	4.1	2	0.13	9940.03
モデル5	19583.3	7.4	4	0.12	9939.29
モデル6	19646.9	71	5	0.00	10000.9

青年期の男女比較	χ^2	$\Delta\chi^2$	Δdf	p 値	AIC
飽和モデル	15179.6	0	0		9697.61
モデル1	15180.4	0.8	1	0.37	9596.37
モデル2	15181.9	2.3	2	0.32	9595.94
モデル3	15182.2	2.6	1	0.11	9598.19
モデル4	15186.8	7.2	2	0.03	9600.84
モデル5	15188.5	8.9	4	0.06	9598.47
モデル6	15444.2	264.6	5	0.00	9852.21

成人期の男女比較	χ^2	$\Delta\chi^2$	Δdf	p 値	AIC
飽和モデル	6964.07	0	0		4360.07
モデル1	6966.38	2.31	1	0.13	4360.38
モデル2	6966.66	2.59	2	0.27	4358.66
モデル3	6965.07	1	1	0.32	4359.07
モデル4	6965.51	1.44	2	0.49	4357.51
モデル5	6968.1	4.03	4	0.40	4356.1
モデル6	7017.15	53.08	5	0.00	4403.15

註） 斜線は選択されたモデルであり，飽和モデルと比較し有意差（p＜.05）がなく，なおかつその中でもっとも倹
　　約な（Δdf が大きい）最適合モデルである。

表4　発達段階差の検定で比較したモデル

モデル0．（飽和モデル）6個の平均はすべて異なる
モデル1．小児期の Twin1 =小児期の Twin2
モデル2．青年期の Twin1 =青年期の Twin2
モデル3．成人期の Twin1 =成人期の Twin2
モデル4．小児期の Twin1 =小児期の Twin2, 青年期の Twin1 =青年期の Twin2
モデル5．小児期の Twin1 =小児期の Twin2, 成人期の Twin1 =成人期の Twin2
モデル6．青年期の Twin1 =青年期の Twin2, 成人期の Twin1 =成人期の Twin2
モデル7．小児期の Twin1 =小児期の Twin2, 青年期の Twin1 =青年期の Twin2, 成人期の Twin1 =成人期の Twin2
モデル8．小児期の Twin1 =小児期の Twin2 =青年期の Twin1 =青年期の Twin2, 成人期の Twin1 =成人期の Twin2
モデル9．小児期の Twin1 =小児期の Twin2 =成人期の Twin1 =成人期の Twin2, 青年期の Twin1 =青年期の Twin2
モデル10．小児期の Twin1 =小児期の Twin2, 青年期の Twin1 =青年期の Twin2 =成人期の Twin1 =成人期の Twin2
モデル11．小児期の Twin1 =小児期の Twin2 =青年期の Twin1 =青年期の Twin2 =成人期の Twin1 =成人期の Twin2

表5　男女別の発達段階差検定

男性の3区分比較	χ^2	$\Delta\chi^2$	Δdf	p 値	AIC
飽和モデル	12653.8	0	0		6649.76
モデル1	12654.7	0.9	1	0.34	6648.75
モデル2	12654.5	0.7	1	0.40	6648.53
モデル3	12656.1	2.3	1	0.13	6650.07
モデル4	12655.5	1.7	2	0.43	6647.51
モデル5	12657.1	3.3	2	0.19	6649.06
モデル6	12656.8	3	2	0.22	6648.84
モデル7	12657.8	4	3	0.26	6647.82
モデル8	12802.4	148.6	4	0.00	6790.39
モデル9	12717.2	63.4	4	0.00	6705.23
モデル10	12658.2	4.4	4	0.35	6646.22
モデル11	12848.9	195.1	5	0.00	6834.89

女性の3区分比較	χ^2	$\Delta\chi^2$	Δdf	p 値	AIC
飽和モデル	19549.3	0	0		11821.3
モデル1	19550.7	1.4	1	0.24	11820.7
モデル2	19551.9	2.6	1	0.11	11821.9
モデル3	19550.3	1	1	0.32	11820.3
モデル4	19553.3	4	2	0.14	11821.3
モデル5	19551.7	2.4	2	0.30	11819.7
モデル6	19552.9	3.6	2	0.17	11820.9
モデル7	19554.3	5	3	0.17	11820.3
モデル8	19901.1	351.8	4	0.00	12165.1
モデル9	19711	161.7	4	0.00	11975
モデル10	19569.3	20	4	0.00	11833.3
モデル11	20009.6	460.3	5	0.00	12271.6

註）斜線は，選択されたモデルであり，飽和モデルと比較し有意差（p<.05）がなく，なおかつその中でもっとも倹約な（Δdf が大きい）最適合モデルである。

表6　男女別，発達区分別の性同一性障害傾向得点の平均値

同性ペア	Twin1 男性	Twin2 男性	異性ペア	Twin1 男性	Twin2 女性	同性ペア	Twin1 女性	Twin2 女性
	小児期			小児期			小児期	
Mean	4. 64	4. 59	Mean	4. 70	5. 04	Mean	5. 26	5. 18
SD	1. 57	1. 59	SD	1. 67	2. 23	SD	2. 37	2. 46
	青年期			青年期			青年期	
Mean	5. 96	6. 11	Mean	6. 32	9. 05	Mean	8. 29	8. 58
SD	2. 77	2. 99	SD	3. 44	4. 41	SD	4. 17	4. 40
	成人期			成人期			成人期	
Mean	6. 00	6. 45	Mean	5. 98	7. 87	Mean	7. 50	7. 70
SD	2. 86	3. 50	SD	3. 02	3. 77	SD	3. 73	3. 68

　双生児きょうだいすべての平均値および標準偏差について，各発達区分と男女別にしてまとめたものを表6に示す。

　モデル適合の結果と平均値の結果から，男女においてはどの発達区分でも，女性のほうが性同一性障害傾向が高かった（男性＜女性）。発達差については，男性は，青年期と成人期が小児期よりも有意に性同一性障害得点が高く（小児期＜青年期・成人期），女性に関しては，小児期よりも成人期が，成人期よりも青年期が有意に性同一性障害得点が高いという結果となった（小児期＜成人期＜青年期）。

性同一性障害傾向のテトラコリック相関および発端者一致率の算出

　テトラコリック相関を算出するにあたっては，The liability threshold model（閾値モデル）を採用し，基本にある易罹患性の分布について平均を0，分散を1としている。本研究が定めた基準（A基準及びB基準両者について4点以上得点する）を超えると罹患群となり，そうでなければ罹患群ではない（Falconer, 1989; Neale & Cardon, 1992）とみなす。本書では「傾向群」と表現する。

　発端者一致率の算出は，[2(N concordant pairs)]/[2(N concordant pairs) + (N discordant pairs)]（McGue, 1992）という計算式で行った。テトラコリック相関と一致率について表7で示す。

表 7　性同一性障害傾向の発端者一致率と相関係数

男性ペア		0-0	0-1	1-1	発端者一致率	r	有症割合
小児期	一卵性	506	3	1	40.0%	.85	
	二卵性	329	4	0	0.0%	.78	0.5%
青年期	一卵性	272	15	0	0.0%	.02	
	二卵性	138	2	1	50.0%	.80	2%
成人期	一卵性	132	8	0	0.0%	.43	
	二卵性	34	4	1	33.3%	.56	3%
女性ペア							
小児期	一卵性	551	8	5	55.6%	.87	
	二卵性	329	12	0	0.0%	.32	1.6%
青年期	一卵性	375	60	16	34.8%	.52	
	二卵性	127	29	5	25.6%	.32	10%
成人期	一卵性	204	34	12	41.4%	.51	
	二卵性	90	20	5	33.3%	.45	12%
異性ペア							
小児期	二卵性	606	12	0	0.0%	.51	
青年期	二卵性	235	60	7	18.9%	.35	
成人期	二卵性	90	11	1	15.4%	.39	

註）　0＝非 GID 傾向群，1＝GID 群

　0 は「非傾向群」，1 は「傾向群」としており，きょうだいが 2 人とも「非傾向群」であれば 0 - 0，きょうだいの 1 人が「非傾向群」，もう 1 人が「傾向群」であれば 0 - 1，きょうだいが 2 人とも「傾向群」であれば，1 - 1 であり，数値は人数を示している。

　発端者一致率は，女性はどの発達段階においても一卵性双生児（以下 MZ）が二卵性双生児（以下 DZ）を上回っており，遺伝的な要因が示唆される結果となった。テトラコリック相関については，小児期が MZ = .87，DZ = .32 で遺伝の影響が示唆され，青年期と成人期は前者が MZ = .52，DZ = .32，後者が MZ = .51，DZ = .45 で共有環境の影響が推測される。

　一方，男性は，「性同一性障害傾向群」として基準を満たすものが少なく，特に青年期および成人期の MZ においては，きょうだいともに基準を満たすペアはいなかった。そのため一致率も算出できなかった。テトラコリック相関

も，小児期は MZ = .85，DZ = .78 で高い共有環境の効果が示唆されるものの，青年期と成人期においては DZ の相関が MZ の相関を上回ってしまい，非共有環境で説明されるところが大きいと考えられる。この後の遺伝分析については，特に男性において不安定な結果となることが予想される。

遺伝と環境の寄与率における発達的変化の推定

　構造方程式モデリングを使用し，小児期，青年期，成人期それぞれの発達区分において，遺伝（A），共有環境（C），非共有環境（E）の相対的影響力を推定した。結果を表8に示す。また，男女別にこの結果をグラフにして示したのが図5（女性の遺伝環境発達変遷）と図6（男性の遺伝環境発達変遷）である。

　女性のテトラコリック相関は，どの発達段階においても一卵性双生児（MZ）が二卵性双生児（DZ）よりも大きく，遺伝あるいは共有環境の影響が示唆された。しかし，男性のテトラコリック相関については，青年期においても成人期においても MZ よりも DZ のほうが大きかった。

　女性の結果については，RMSEA（Root Mean Square Error of Approximation）の値がよく，モデル適合は良好であった（一般的に RMSEA は0.05以下が推奨されている）。特に人数が確保されている小児期においては，推定値も安定していた。傾向としては，発達につれて遺伝率が下がり（遺伝率：小児 = 84%，青年期 = 41%，成人期 = 11%），代わりに共有環境の影響が若干増していくというものであった。

　男性の結果については，青年期と成人期で RMSEA があまりよくなく，課題を残した。"性同一性障害傾向"とみなせる男性の数が非常に少なかったため，不安定な結果となったといえる。傾向としては，共有環境，非共有環境の影響が大きく，遺伝の影響は小さいというものであったが，これは青年期と成人期の一卵性双生児の男性で一致していたペアが存在しなかったことに起因する。

表8　性同一性障害傾向の ACE の各推定値

女性	A	C	E	RMSEA
小児期	.84 (.68-.99)	.00 (.00-.00)	.16 (.01-.31)	.00
青年期	.41 (.00-1.00)	.12 (.00-.75)	.48 (.32-.64)	.03
成人期	.11 (.00-.99)	.40 (.00-1.00)	.49 (.23-.75)	.00

男性	A	C	E	RMSEA
小児期	.15 (.00-1.00)	.70 (.00-1.00)	.15 (.00-.47)	.00
青年期	.00 (.00-.00)	.13 (.00-.29)	.87 (.71-1.00)	.11
成人期	.00 (.00-.00)	.47 (.14-.80)	.53 (.20-.86)	.05

註）　A＝遺伝，C＝共有環境，E＝非共有環境　カッコ内は95％信頼区間

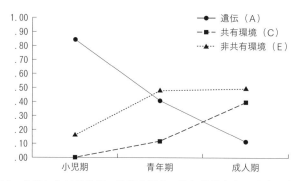

図5　女性における性同一性障害傾向の遺伝環境寄与の発達的変化

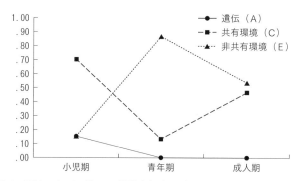

図6　男性における性同一性障害傾向の遺伝環境寄与の発達的変化

　第2章　［研究Ⅰ］双生児データによる性同一性障害傾向の発達メカニズム

胎生期ホルモン移動仮説の検証

　双生児は，胎生期に同じ子宮を共有している。そのため，男女の二卵性双生児の場合に，一方のきょうだいのホルモン環境がもう一方のきょうだいへと暴露しているのではないかという胎生期ホルモン移動仮説が提唱されている（Miller, 1994）。この仮説は，もともと多胎であるマウス，ラット，モルモットなどにおいて，子宮内にメスが2匹のオスに挟まれて配置されている場合に，そのメスがテストステロン暴露を受けてより身体的及び行動的に男性化するという研究（Clark & Galef, 1998; Ryan & Vandenbergh, 2002）に基づいている。こうした IUP（intrauterine position: 子宮内位置）の影響がヒトでもまたみられると，攻撃性（Cohen-Bendahan et al., 2005）や空間認知能力（Heil et al., 2011; Vuoksimaa et al., 2010）など，男性優位といわれている心埋指標において確かめている研究がある。本研究では，同じ子宮を共有しているため，同性双生児よりも，男女の双生児のほうが，男性はより性別違和と女性帰属を示すのか，女性はより性別違和と男性帰属を示すのかを検討した。具体的には，同性双生児ペアの男性 Twin1 と異性双生児ペアの男性 Twin1 に得点の差があるか，同性双生児ペアの男性 Twin2 と異性双生児ペアの男性 Twin2 に得点の差があるか，

表9　異性ペアをもつ双生児と同性ペアをもつ双生児の性同一性障害傾向得点

	ペアタイプ	同性双生児ペア			異性双生児ペア			t	p
		n	M	SD	n	M	SD		
小児期	男－男 Twin 1	355	4.75	1.70	621	4.70	1.67	<1	ns
	男－男 Twin 2	354	4.60	1.62	621	4.70	1.67	<1	ns
	女－女 Twin 1	345	5.28	2.41	621	5.05	2.24	1.53	ns
	女－女 Twin 2	344	5.19	2.77	621	5.05	2.24	<1	ns
青年期	男－男 Twin 1	150	5.81	2.64	305	6.32	3.44	−1.61	ns
	男－男 Twin 2	152	6.01	2.61	305	6.32	3.44	<1	ns
	女－女 Twin 1	176	8.59	4.38	308	9.04	4.42	−1.10	ns
	女－女 Twin 2	181	8.71	4.25	308	9.04	4.42	<1	ns
成人期	男－男 Twin 1	43	6.98	3.97	103	5.98	3.04	1.64	ns
	男－男 Twin 2	43	6.81	4.49	103	5.98	3.04	1.30	ns
	女－女 Twin 1	140	8.04	4.14	104	7.87	3.79	<1	ns
	女－女 Twin 2	119	8.01	3.92	104	7.87	3.79	<1	ns

同性双生児ペアの女性 Twin1 と異性双生児ペアの女性 Twin1 に得点の差があるか，同性双生児ペアの女性 Twin2 と異性双生児ペアの女性 Twin2 に得点の差があるかについて，それぞれ，小児期，青年期，成人期別に対応のない t 検定を行った。結果を表9に示す。

　いずれも有意差は得られず，性別違和や異性帰属に対する胎生期ホルモン移動仮説は支持されなかった。

（3）　考　察

性同一性障害傾向の性差と発達差の意味

　モデル適合の結果，いずれの発達段階でも，男性よりも女性のほうが性同一性障害傾向の得点が高く，また，有症割合（prevalence）も女性が1.6%（小児），10%（青年），12%（成人），男性が0.5%（小児），2%（青年），3%（成人）とどの発達段階でも女性の方が高かった。すなわち，女性のほうがより多く性別違和と異性帰属を抱くものが多かった。

　女性のほうが性別違和や異性帰属の傾向の得点が高いという本結果は，諸外国と同様の結果である（Coolidge et al., 2002; Zucker et al., 1997; van Beijsterveldt et al., 2006)。一方，医療的・法的に性別移行をした数から算出された有症割合は，諸外国では男性のほうが多い。この逆転現象は，性別への違和と異性への帰属という心理状態がいかに男性のほうが医療化されやすいのかを示していることだと考えられ，Zucker et al.（1997）は以下のように述べている。「医療機関に紹介される率は女児よりも男児が多い。しかし，異性役割行動を示すのは女児のほうが多い。このことから，男児よりも女児のほうが臨床閾値が高い」。つまり，その社会の異性化への寛容性により閾値が異なるという。しかしながら，日本では現在のところ医療機関にかかる性比については，やや女性が多いという報告がほとんどであり（たとえば Okabe et al., 2008 など），欧米諸国と異なりいずれにせよ女性のほうが性同一性障害様を示しやすく，なおかつ医療にもかかりやすいようである。Zucker のいう，女性のほうが臨床閾値が高いという仮説については日本では検討の余地があると思われる。さらにいうと，女

性の来院数は，昨今，カナダやオランダなどのトランスジェンダー医療サービスの先進国でも年を追うごとに増え，今では逆転するようになってきており（Aitken et al., 2015; Wood et al., 2013），女性が多いということは，もはや日本独特の現象とはいえなくなってきた。つまり今後は，来院者レベルでも，質問紙調査レベルでも，女性のほうがより多いという流れとなる国が増える可能性が高い。

　発達差に関しては，男性で，小児期よりも青年期と成人期で有意に性同一性障害傾向が高く，女性では小児期よりも成人期，成人期よりも青年期において性同一性障害傾向が高いという結果であった。10〜15歳の親子評定を比較した結果，本人評定のほうが性同一性障害傾向が有意に高かった（佐々木ら，2009）ので，小児期のみ親評定であったことが，他の発達区分よりも性同一性障害傾向が少なかった要因の1つである可能性はある。しかし，女性については，本人評定である青年期と成人期とでも違いがみられ，青年期のほうが性同一性障害傾向が高かった。伊藤（2000）によると，性別の受容については，女子は初潮を迎える13歳あたりがもっとも低く，女性受容をしている女子は45％程度しかいない。しかし，徐々に学年が上がるに従って，女性受容をする割合が上昇していくという傾向があるという。本結果でも，同様の傾向が見出され，身体的な性成熟に直面している青年期においてもっとも性同一性障害傾向が高かったといえる。これは，11〜18歳に至る男子において，どの年齢でも安定して7割以上が自己の性別を受け入れている（伊藤，2000）ことと対照的である。

「遺伝と環境の影響に発達的変化がみられる」ということ

　一般的に，知能や認知能力などは，発達に伴って遺伝の影響が大きくなっていくといわれている（McGue et al., 1993）。

　本研究では，発達に伴い，遺伝的な影響が小さくなり，環境の影響が大きくなっていくという結果となった。これは対象年齢が狭いことに一因があるかもしれない。本研究の対象年齢は，成人期後期や老年期を含んでおらず，26歳までが対象となっている。一般的に20代までは，ジェンダー分離[1]（gender segregation）圧力の著しい環境に置かれることは想像に難くない。トランスジェ

ンダー当事者は，「男カテゴリ」と「女カテゴリ」に振り分けられる経験に直面するとき，強い違和感に苛まれる。たとえば，10代後半から20代で社会に出て，学校時代は求められなかった化粧やネクタイを社会人になって求められることもある。このことが青年期と成人期での大きな遺伝要因差として結実しなかった理由かもしれない。一方，小児期よりも青年期・成人期において，非共有環境が大きくなるという結果は得られた。これは，きょうだいの1人はジェンダー分離に保守的な環境におり，もう1人は寛容な環境にいるといった，お互いを違いさせる環境の影響が大きくなるためであると考えられる。したがって，青年期から成人期前期に特に強い，このようなジェンダー分離の環境の影響が，遺伝の影響を抑制しているということが考えられるだろう[2]。

　さらに，女性でも男性でも成人期にはある程度の共有環境の影響が見出された。これは，ジェンダー分離を意識させるような環境をきょうだいが共有しているためという可能性は考えられうる。パーソナリティやその他の指標で共有環境の効果が見出されることはあまりない。それはしばしば幼少期に見出される効果であって，成人後には有意でなくなる。このことは，子どもの頃は，直接的にきょうだい同士が共有していた家庭環境や学校環境などが効果をもつが，成人になるとその効果も薄れていくためと解釈されてきた。しかし，性同一性に関しては，パーソナリティや知能などと違い，成人期以降でもジェンダーを意識させるような家庭環境は想定することができる。たとえば，適齢期を迎え，周囲が婚姻について圧力をかけてくるか否かは，共有環境として推測されるだろう。

　さらにもう1つ，共有環境の効果として挙げうるのが，胎生期の子宮内環境の共有効果である。これは「胎生期ホルモン仮説」と呼ばれるもので，もとはラットの実験で確かめられたものだ。たとえば，胎生期にテストステロンを注入されたラットは，成人になると分界条床核（BSTc）や内側扁桃体のバソプレシン作動性細胞に関係する神経伝達物質やバソプレシンのニューロン数が増殖したという報告（Han & De Vries, 1999）が挙げられる。しかし，ヒトにおける胎生期のホルモン依存性については実験研究はできないため，調査研究として，胎生期にアンドロゲン曝露をうける先天性副腎過形成症（CAH）の女児

の性別違和をもつ傾向が統制群よりもやや高いという報告（Dessens, Slijper, & Drop, 2005）や胎生期に抗痙攣剤を投与されると性同一性の問題をもちやすいという研究（Dessens et al., 1999），そして本書でも検討したIUPなどが実施されてきた。[3]第1章で述べたとおり，BSTcは，成人期になって性差がみられると報告され（Chung et al., 2002），成長に伴って体積が変化していくといわれている。男女ともに成人期において共有環境の効果が抽出されたのには，胎生期のホルモン影響が成人期になって効果として発現したと考えられないことはない。ただし，本書では，胎生期ホルモン移動仮説に関しては支持しない結果（表9）であった。

男女別の性心理発達

　男性と女性とでは，性同一性障害傾向に及ぼす遺伝と環境の影響の大きさが異なる結果となった。

　小児期女児の結果は，先行研究でも常に7割程度の遺伝率と安定しており（van Beijsterveldt et al., 2007; Knafo et al., 2005），本結果も $h^2 = .84$ であり，また共有環境の寄与は検出されないという近似の結果となった。一方，小児期男児の結果は，Knafo et al.（2005）の結果と同様，共有環境の影響がもっとも寄与していた。

　女児では遺伝がもっとも寄与し，男児では共有環境がもっとも寄与するという性差については，男児は女児よりも規範的な性役割行動パターンをとるよう，親から厳しくしつけられる（Golombok & Fivush, 1994）ことと関連があるかもしれない。たとえば，就学前の男児は，自分が女児のおもちゃで遊んでいたら父親は「悪い」ことだと思うだろうと報告することが多く，そう信じている男児は，女児のおもちゃでは遊ばず男児のおもちゃでしか遊ばない（Raag & Rackliff, 1998）。女児がおしゃれをするよりも男児がおしゃれをすると，教師や仲間から批判を受け，人形で遊ぶと仲間からさらに多くの批判を受ける（Fagot, 1977）。このように，男児は女児と比べて性別と一致するようにふるまうことへの圧力を受けるといわれている（Turner & Gervai, 1995）。つまり，男児は周囲が異性役割行動に寛容的なのか否かによって影響を受けると考えられ

る。一方女児は，男児に比べると異性役割行動への圧力が弱い。このことが男児に対しては共有環境の大きな寄与を導き，女児は環境圧があまりなく，女児個人そのままの潜在性を表出しても障壁がないので，遺伝の大きな寄与を引き起こすのではないかと考えられる。また，小児期男児の性同一性障害には，仲間関係と母親の影響も示唆されている（Coates, 1990）。小児期の男児にみられた共有環境と成人期の男性にみられた共有環境の意味は，質的に異なるということも考えられ，小児期には仲間関係や母など親による環境が想定されるが，成人期はたとえば異性愛結婚の圧力などのような共有環境とともに，前述したホルモン環境の影響も視野に入れるべきかもしれない。

　青年期の性同一性障害傾向については，男性はほぼ非共有環境で説明された。中学生，高校生の男子の性同一性障害傾向は，基本的にきょうだい間は類似せず，きょうだいの1人が性同一性障害傾向を表出していたとしても，もう1人はその傾向を示していない。この環境圧には，中高生男子特有の，ホモフォビア（同性愛嫌悪）[4] やトランスフォビア（トランスジェンダー嫌悪）の感覚が寄与しているかもしれない。「同性との性的な行為をかまわないと思うかよくないと思うか」について，中学・高校・大学とどの年齢群においても，一貫して男性のほうが女性よりも厳しい態度を抱いており（日本性教育協会, 2001），ホモフォビアの感覚は男性においてより強いといわれている。つまり，きょうだいの一方が性同一性障害傾向を示した場合，もう1人がそれに対して嫌悪感を抱き，自分はそうではないと堅持する可能性が考えられる。この傾向は，アイデンティティを確立していくのにあたり，「男性は“個の確立”方向が，そして女性は“関係性の維持”方向がより基本的な原理となる」（伊藤, 1999）というように，「分離」が心理発達テーマとして先鋭化・表面化しやすい青年期男子の心性を考えると特にそうなることも予測される。

　一方，青年期の女性では，小児期には検出されなかった共有環境が寄与し，さらに非共有環境の影響が大きくなり，この時期から，遺伝ではなく環境の影響が大きくなっていることが分かる。青年期の女子は，よくいわれるように性役割受容に対する葛藤が表面化しやすく，学校や社会のさまざまな価値観にさらされ，身体的な性成熟の発来と共に自身の性別としてのあり方，表現方法を

試行錯誤する時期に当たる（伊藤，2000；湯川，2001）。このように，男子のような一律的ホモフォビアは相対的に弱いものの，さまざまな性役割の価値観にさらされるという環境圧がかかってくるため，遺伝率が低くなっていくのだと考えられる。

　また，成人期の性役割パーソナリティの相関係数は，女性の男性性役割パーソナリティ（MZ = .47，DZ = .26），女性性役割パーソナリティ（MZ = .49，DZ = .20），男性の男性性役割パーソナリティ（MZ = .42，DZ = .09）と一貫してMZの相関係数が高いにもかかわらず，男性の異性役割パーソナリティのみがMZとDZで同値（MZ = .24，DZ = .24）であった。すなわち，成人男性の女性性役割パーソナリティでは，MZ同士の類似が低く，相対的に環境の影響の大きさが推定されるのである（佐々木・山形・敷島・尾崎・安藤，2009b）。これもまた，成人男性が異性役割パーソナリティを表出する際に，女性よりも，環境圧がより掛かっていることをうかがわせるものだろう。

　これまでのMoneyに代表されるような性心理発達は，特に性差をクローズアップすることなく編まれてきたが，男性における環境圧は非常に大きいため，性的自己を表出するにあたってもっぱら環境圧によって形成され，個人の遺伝的性向が表出されにくいことを考えると，性心理発達の理論は男女別で編まれるべきであることが示唆される。

　ただし，男性において，遺伝の寄与が検出されなかったのは，「性同一性障害傾向群」の数の少なさに起因している可能性もある。Buhrich et al.（1991）がMZ男性95組，DZ男性64組で検討したときは遺伝の寄与が推定されなかったのに対し，その後同じオーストラリアのレジストリで人数をMZ男性312組，DZ男性182組と協力者を増やしたことによってh^2 = .31の結果が得られている。青年期・成人期男性については解釈を保留すべきかもしれない。

●●注

1）性別に基づいて，異なる文化，社会，規則などが生成され，別々に扱われる現象のこと。たとえば，ランドセルの色や制服のスカート・ズボンなどを性別で分ける学校制度は，ジェンダー分離現象である。また，女性トイレ，女性専用車両，

性別職務分離（兵役，助産師）などはジェンダー分離に基づいている。

2）一卵性双生児が類似しない現象を分子レベルで説明するために，DNAの配列変化によらない遺伝子発現を制御・伝達するシステムが研究されている。これは「エピジェネティクス」といわれる。

3）胎生期のテストステロンレベルの代理指標としてしばしば挙げられる2D：4Dに関しては，第1章2節（2）「ホルモンの影響」を参照されたい。

4）ホモフォビアは，同性愛に対しての嫌悪感情のことであり，トランスジェンダーに対する嫌悪感情はトランスフォビアといわれるため，別の概念である。しかしながら，性的指向と性同一性及び性役割は一般にあまり区別して認識されていない傾向にある。したがって，男性が女性的な性役割表現をすると，「ホモ」という蔑称が浴びせられることがしばしばある。

第3章

多様な性同一性の形成

研究Ⅱ

第1章4節で見えてきたものは，「治療すべき障害をもつ存在」であり，「病者」としての性同一性障害である。本書では，この見方から脱却し，どのように自己を形成していくのかというアイデンティティモデルからのアプローチに立脚することによって，性的自己としてよりよく生きようとするトランスジェンダーのあり方を検討する。

　第2章では，性心理発達の環境要因の寄与率が男女で異なり，性別違和や異性帰属の表出にあたっては，性別によって異なる環境圧があることが示唆された。

　では，次に，発現した異性としての性的自己は，どのような環境が整えば形成されるのであろうか。以下は，出生時に割り当てられた性別とは異なる性別での自己形成のためにはどのような変数がかかってくるのかを詳細に検討していきたい。そのために，まず，「自分の思う性別での自己形成」を測定するための心理尺度が必要であるとして，「ジェンダー・アイデンティティ尺度」を作成することから始める。

1 性同一性の測定法

　“ジェンダー・アイデンティティ”には，2つの代表的な定義が挙げられる。1つが精神分析家のStollerによる「自分が所属している性別について知っているという感覚のこと。すなわち‘私は男性である’もしくは‘私は女性である’という認識のこと」(Stoller, 1964) という定義であり，もう1つが性科学者であり内分泌心理学者であるMoneyの「男性あるいは女性，あるいはそのどちらとも規定されないものとしての個性の統一性，一貫性，持続性」(Money, 1965 東訳 2000) という定義である。いずれもインターセックス，性分化疾患，そしてトランスジェンダーの臨床研究から生みだされたものだ。その後この用語は広がりをみせ，フェミニズムの流れを汲んだ女性学やジェンダー研究においても，いまや主要な概念となっている。しかし非典型的な性心理発達をする人々を対象に，どの性別で生きていくのかを扱ってきた臨床研究とは違い，ジェンダー研究では文化社会的に抑圧されてきた女性を解放するという動きから，主に対象を女性一般としてきたため，“社会的性役割に対する志向性”としてジェンダー・アイデンティティを捉えてきたといえる。このように臨床研究とジェンダー研究では，この概念の出発点及び対象が異なるため議論が噛み合わないことがしばしばある。

　そこで，臨床研究での“ある性別に対するアイデンティティ”をジェンダー・アイデンティティとして捉える立場で，新たなジェンダー・アイデンティティ尺度を作成することを目的とした。

（1）　先行研究における測定法

ジェンダー・アイデンティティと性役割

　これまでのジェンダー・アイデンティティに関する研究では，社会的性役割を構成概念としてジェンダー・アイデンティティを測定してきたため，ステレ

オタイプな社会的性役割を志向していればジェンダー・アイデンティティが高いとみなしてきた。たとえば BSRI（Bem, 1974）や PAQ（Spence, Helmreich, & Stapp, 1975）に代表されるようなパーソナリティ特性を表した形容（動）詞を用い，女性役割とみなされたパーソナリティ特性を表した形容（動）詞を女性性因子とし，その得点が高ければ，女性アイデンティティが高いと捉えたり（東，2002; Burke, Stets, & Piroggood, 1988; Drass, 1986; O'Heron & Orlofsky, 1990），MMPI の下位尺度（mf 尺度）のように，具体的な性役割でジェンダー・アイデンティティを測定したりしてきた（秋山・板井，1986; Althof, Lothstein, Jones, & Shen, 1983; Blanchard & Freund, 1983; 土肥，1996; Drass, 1986; Freund, Langevin, Staterberg, & Steiner, 1977; 石田，1994; 伊藤，2001; Kurian & Kukreja, 1995; O'Heron & Orlofsky, 1990; 下條，1997）。

　こうした測定法は，ステレオタイプな"性役割"への"志向性"を示すものであり，"ある性別"に対する"アイデンティティ"を測定しているわけではない。「だいたいの出産プランがある（土肥，1996），洋服や髪型に気を配る（石田，1994），女性にとって幸福な結婚は何事にもかえられない」（伊藤，2001）といった項目に"はい"と回答した人は，女性という性別へのアイデンティティが強いのではなく，女性役割志向性が強いということを示しているといえる。これだとたとえば，だいたいの出産プランがあったとしても，別の要因で女性という性別にアイデンティティをもちにくい女性を，ジェンダー・アイデンティティが強いとみなすことになる。そこで本尺度では，具体的な性役割を設定せずに自己の性別のありようについて抽象的に問うことで，従来の問題点をクリアしようとした。

ジェンダー・アイデンティティと性的指向

　性的指向とは「性的魅力を感じる対象の性別が何かである」（針間，2000b）。Erikson（1959 小此木訳 1973／1968 岩瀬訳 1973）は，性的同一性対両性的拡散について記述を残し，これを異性との性器的親密さによってつくられるものだと述べている。

　土肥（1996）のジェンダー・アイデンティティ尺度でも「異性との親密性」

が構成概念に含まれている。異性選択の心理的な準備の際，ジェンダー・アイデンティティによってジェンダー・スキーマの見直しがされるので，これがジェンダー・アイデンティティ確立の指標になると選んだのだという。また小此木・及川（1981）も，ジェンダー・アイデンティティの構成要素に性的指向を含めていた。鑪（2002）も「男が真に男であることは，異性としての女に出会った時であり，女が真に女となるということは，異性としての男に出会った時である」と述べており，異性愛が前提となってジェンダー・アイデンティティが作られていくとしている。

　しかし女性に性的指向をもつ女性（レズビアン）では，女性に性的な魅力を感じながらも女性という性別へのアイデンティティをもっているのであり，ジェンダー・アイデンティティが確立していないとはいえない。ゲイ男性に関しても同様である。「かつては性的指向と性同一性が混同して論じられたこともあったが，現在ではそれぞれ別個の概念と理解されている」（針間，1999）といわれているように，ジェンダー・アイデンティティと性的指向は異なる概念である。性的指向は，ジェンダー・アイデンティティに寄与する1つの要因にはなりうるであろうが，尺度の構成概念の中に含めるのは不適切だと思われる。したがって，本尺度のジェンダー・アイデンティティの構成概念に性的指向を含めない。

ジェンダー・アイデンティティとアイデンティティ

　また，これまでのジェンダー・アイデンティティ尺度には，精神分析学的見地からEriksonが提起した"アイデンティティ"という概念が反映されていないという問題点もある。

　社会心理学的なアイデンティティ概念使用についてErikson（1968 岩瀬訳1973）は，社会心理学においてもアイデンティティ概念が有用であることが証明されたという喜びと同時に，本質が捉えられていないという苦言も呈している。アイデンティティを社会的役割，人格特性，意識的自画像などという用語と同じに取り扱うことは，「その概念のもつ，より扱い難く，またより悪魔的な──つまり活力に満ちた──言外の意味を取り去ろうとする」ことだという

のである。

　これはジェンダー・アイデンティティという概念にも当てはまる。ジェンダー・アイデンティティをある性別に対する社会的役割や人格特性，意識的自己像という側面からのみ捉えるのではなく，ある性別に対するアイデンティティとして，すなわちある性別に対する統一性，一貫性，持続性という側面から捉える必要があると思われる。

　そこで，Erikson のアイデンティティ概念を反映させるために谷（2001）の多次元自我同一性尺度（Multidimensional Ego Identity Scale: MEIS）を援用することにした。谷（2004）は，Erikson の理論から自我同一性の感覚を「斉一性・連続性をもった主観的な自分自身が，まわりからみられている社会的な自分と一致するという感覚」と捉えて尺度作成をしているのである。

　本研究ではジェンダー・アイデンティティを「斉一性・連続性をもった主観的な自分の性別が，まわりからみられている社会的な自分の性別と一致するという感覚」として捉え，谷の多次元自我同一性尺度（MEIS）を援用して尺度を作成することにした。

（2）　新たなジェンダー・アイデンティティ尺度の作成

本研究におけるジェンダー・アイデンティティ

　一般的には「今日，フェミニズムの中では‘セックス’は‘生物学的性別’，‘ジェンダー’は‘社会的文化的性別’を指す用語として定着している」（上野，2002）といわれている。先行研究の尺度でも，この観点から社会的文化的性別への志向性を測定してきたのだと思われる。しかし性別は生物的かつ社会的なものであり，どちらかだけの要因で成り立つものではない（Diamond, 2002; Hines, 2004; Money, 1994; Zucker, 1995）。ここからがセックス，ここからがジェンダーと区分けすることは困難である。これは性分化疾患やインターセックスではないトランスジェンダー当事者を考えると分かりやすい。たとえば女性から男性へ移行する場合，身体的な性別は XX 型の性染色体と乳房やヴァギナをもつ女性型を示しているが，その他の生物学的性別の指標を考えると行動遺

伝学モデル（Bailey, Dunne, & Martin, 2000; Buhrich, Bailey, & Martin, 1991; Coolidge, Thede, & Young, 2002; Knafo, Lervolino, & Plomin, 2005）や神経細胞レベル（Kruijver, Zhou, Pool, Hofman, Gooren, & Swaab, 2000; Zhou, Hofman, Gooren, & Swaab; 1995）から，生物学的男性型への偏りが示唆されている。生物学的性別をどのレベルで考えるかで何をセックスとして捉えるのかは異なってくるのである。そこで本尺度では，社会的文化的でありながらも生物学的な側面も排除しない "性別" を "ジェンダー" として捉え，「斉一性・連続性をもった主観的な自分の性別が，まわりからみられている社会的な自分の性別と一致するという感覚」という定義に基づいた尺度作成を行うことにした。

したがって，本尺度が従来のジェンダー・アイデンティティ尺度と異なる点は以下3点である。①性役割とは独立した概念として測定ができる，②性的指向とは独立した概念として測定ができる，③Erikson のアイデンティティ感覚という概念を取り入れる。

方　法
●項目の収集（下位概念の設定）

谷（2001）は，自我同一性の感覚を測定するため Erikson（1950 仁科訳 1977・1980／1959 小此木訳 1973／1968 岩瀬訳 1973）の記述を抽出し，多次元自我同一性尺度（MEIS）を開発している。この尺度は自我全体に関する尺度でありジェンダーに特化しているものではないが，エゴ・アイデンティティの感覚を捉えることに成功しているため本尺度にも援用できると考えられる。そこで本尺度は MEIS の下位概念に基づいた。

1つ目が「自己斉一性・連続性」である。これは Erikson の自我同一性に関する以下の記述から設定された。「自我同一性は，その主観的側面からみると，自我のさまざまな統合方法に対して，自我斉一性と連続性が存在するという事実と，これらの統合方法が，他者に対して自分がもつ意味の斉一性と連続性を保証する働きをしているという事実の自覚である」（1959 小此木訳 1973, p22），「自我同一性の感覚とは，内的な斉一性と連続性を維持する個人の能力（心理学的意味での個人の自我）が，他者に対して自分がもつ意味の斉一性と連続性

とに調和することから生じる自信である」（1959 小此木訳 1973, p94）。そこで，自己の性別が一貫しているという感覚について「自己一貫的性同一性」として設定した。

2つ目が「対他的同一性」である。「自己斉一性・連続性」のためには「重要な他者から認めてもらえるだろうという内的確信」（1959 小此木訳 1973, p127／1968 岩瀬訳 1973, p165）が必要だという。そこで，自己の性別が他者の思う性別と一致しているという感覚について「他者一致的性同一性」と設定した。

3つ目が「対自的同一性」である。Erikson は，同一性の明瞭な感覚について「自分がどこに向かっていこうとしているのかよく分かっている感覚」（1959 小此木訳 1973, p127／1968 岩瀬訳 1973, p165）と著している。そこで，自己の性別での展望性が認識できているという感覚について「展望的性同一性」と設定した。

4つ目が「心理社会的同一性」である。Erikson は文化社会的な中での自分の位置感覚について記述しており，「自我が特定の社会的現実の枠組みの中で定義されている自我へと発達しつつあるという確信」（1959 小此木訳 1973, p22／1968 岩瀬訳 1973, p49）と述べている。そこで，自己の性別が社会とつながりをもてているという感覚のことを「社会現実的性同一性」として設定した。

以上のように本尺度では「自己一貫的性同一性」，「他者一致的性同一性」，「展望的性同一性」，「社会現実的性同一性」の4下位概念を設定した。

項目については，たとえば「過去において自分をなくしてしまったように感じる」は，「過去において自分の性別に自信がもてなくなったことがある」に，「自分がどうなりたいのかはっきりしている」は「自分が女性（男性，両性あるいはどちらでもない性）としてどうなりたいのかはっきりしている」に変更された。そしてこの下位概念と項目の内容的妥当性がトランスジェンダーの臨床にかかわる精神科医1名と臨床心理士1名，そして指導教授，心理学系の大学院生らによって検討された。

● 予備調査（項目の選定）——手続きと対象
2003年7月，都内の大学の講義時間中に，設定した下位概念で作られた20項

目からなる質問紙を配布し集団式で実施しその場で回収した。質問紙には自分が認識している自分の性別を女性，男性，両性・どちらでもないから選択する欄と共に，身体的性別を女性，男性，間性から選ぶ欄が設けられていた[1]。回答者は自分が認識する性別を女性と選択すれば女性の項目を回答した（たとえば「自分が女性としてどうなりたいのかはっきりしている」という項目など）。

　分析対象者数は，性同一性と身体的性別を女性と選択した者（以下"女性"と表記する）153名，性同一性と身体的性別を男性と選択した者153名（以下"男性"と表記する）であり，平均年齢は女性20.3歳（18〜23歳），男性21.7歳（19〜30歳）であった。なお"男性"と"女性"以外のデータは統計的に十分な数を回収できなかったため分析には含まなかったので，合計306名分のデータを分析対象とした。

　男女別で探索的因子分析（重み付けのない最小二乗法）をしたところ，男性の固有値は第1因子が7.597，第2因子が2.468，第3因子が1.265，第4因子が1.117，第5因子が.981，第6因子が.842，女性の固有値は，第1因子が6.887，第2因子が2.824，第3因子が1.283，第4因子が1.128，第5因子が1.014，第6因子が.839であった。スクリープロットをみると固有値は第2因子までが高く，そこから急に減少していた。固有値の減衰率と解釈可能性から判断して，2因子を指定しプロマックス回転による因子分析を行った。その後，因子負荷量が.40以下となる項目と男女で異なる因子に入った項目があったので，それら5項目を除いた。そして再度，男女別に因子分析をしたところ，男女で同様の因子構造が抽出された。また男女込みでも同様であった（固有値は第1因子が5.668，第2因子が2.596，第3因子が1.016，第4因子が.765）。

　4因子モデルを仮定していたにもかかわらず2因子が抽出されたのは，仮定していた下位概念同士が1つの因子としてまとまった可能性があるとして「自己一貫的性同一性」と「他者一致的性同一性」の相関係数，「展望的性同一性」と「社会現実的性同一性」の相関係数をそれぞれ求めたところ，前者がr＝.635，後者がr＝.698であった。この相関の高さから，前者をまとめる1つの因子，後者をまとめる1つの因子といった上位に相当する高次因子の存在が想定された。そこで，得られた2因子モデルと仮定していた4因子モデル，そし

て高次因子モデルのどれがもっとも適合度がよいのかを比較するため確認的因子分析を行った。なお高次因子モデルについては「社会現実的性同一性」因子と「他者一致的性同一性」因子の誤差分散が負の値をとったため，0に固定して推定を行った。[2]

　その結果，2因子モデルが$\chi^2 = 309.7$（df$=89$，p$<.0001$），AIC$=13893.4$，BIC$=14008.8$，RMSEA$=0.09$，4因子モデルが$\chi^2 = 251.5$（df$=84$，p$<.0001$），AIC$=13845.1$，BIC$=13979.2$，RMSEA$=0.081$，高次因子モデルが$\chi^2 = 258.5$（df$=87$，p$<.0001$），AIC$=13846.1$，BIC$=13969.0$，RMSEA$=0.080$であることが示された。2因子モデルよりも4因子モデルと高次因子モデルのほうが適合度がいいが，4因子モデルと高次因子モデルでは競合していた（AICでは4因子モデルのほうが適合度がよく，BICとRMSEAでは高次因子モデルのほうが適合度がよい）。そこで予備調査では，結論を保留することにした。本調査で人数を増やし，再度，適合度指標を検討する。

●本調査（信頼性および妥当性の検討）──手続きと対象

　2003年10月，都内の大学の講義時間中に集団式で質問紙を配布しその場で回収した。

　対象者数は，女性205名，男性207名であり，その他は十分な数を回収することができなかったため412名分のデータを分析することにした。平均年齢は，女性22.03歳（18〜44歳，無回答48名），男性22.18歳（18〜53歳，無回答39名）であった。

　また，妥当性を検証するためにジェンダー・アイデンティティがもっとも機能不全状態にあると考えられるトランスジェンダー当事者からの協力を得ることにした。そのため，医療機関に性別違和を主訴に受診した人々を対象とした。本尺度の「自己一貫的性同一性」や「他者一致的性同一性」はトランスジェンダー当事者のほうが有意に得点が低いことが予想されるため，彼らの協力は構成概念妥当性の検討に適っている。

　対象者は，性別違和を主訴に精神神経科クリニックを訪れた人々である（以下，トランスジェンダー当事者と記載する）。彼らは精神科医から直接質問紙

を手渡された。回収についてはクリニック内で回答しその場で提出するか，もしくは後ほど郵送するかを選択してもらった。配布期間は2003年10〜11月である。協力者数は，身体的性別（出生時に割り当てられた性別）を男性，性同一性を女性と選択した者（以下トランス女性と表記する）120名，身体的性別（出生時に割り当てられた性別）を女性，性同一性を男性と選択した者（以下トランス男性と表記する）155名であり，その他は十分な数を回収することができなかったため，275名分のデータを分析対象とすることにした。平均年齢は，トランス女性34.4歳（15〜53歳，無回答29名），トランス男性26.7歳（13〜46歳，無回答42名）であった。なお回答者は自分の帰属する性別の欄を回答するため，トランス女性は女性の質問項目欄（"自分が女性としてどうなりたいのかはっきりしている"など）を，トランス男性は男性の質問項目欄（"自分が男性としてどうなりたいのかはっきりしている"など）をそれぞれ回答している。

●本調査——測定尺度

① ジェンダー・アイデンティティ尺度（Gender Identity Scale: GIS）

　予備調査で選定された項目である。15項目から成る。評定は「全くあてはまらない」・「ほとんどあてはまらない」・「どちらかというとあてはまらない」・「どちらともいえない」・「どちらかというとあてはまる」・「かなりあてはまる」・「非常にあてはまる」の7段階である。

② 自尊感情尺度（構成概念妥当性）

　ジェンダー・アイデンティティと自尊感情については，女性に圧倒的に多い摂食障害との絡みでしばしば女性のみを対象に取り上げられてきた（齊藤，2004）。伊藤（2001）も女子のみを対象にして，性の非受容や性的成熟の戸惑いが自尊感情と関連があることを見出している。一方男性においては摂食障害は少ないものの，松木（1997）が摂食障害をもつ男性事例についてジェンダー・アイデンティティの問題を論じている。したがって，ジェンダー・アイデンティティは女性全般と男性の中でも不適応が想定される人々に関連があることが予想される。そこでトランスジェンダー当事者にも自尊感情尺度の回答を求め

た。使用尺度は Rosenberg（1965）の邦訳版（山本・松井・山成，1982）の10項目で，評定は5段階である。

③ 性別受容に関する項目（併存的妥当性）

　先行研究ではジェンダー・アイデンティティを測定するとき，しばしば性別受容でそれを捉えることが行われてきた（青木，1991；秋山・板井，1986；土肥，1996；伊藤，2001；松本，1985）。そこで小出（2000）の「性別受容性尺度」を使用した。しかし，この尺度を因子分析したところ因子負荷量が.40以上の項目が8項目中3項目しかなく，しかもその項目は性役割ステレオタイプ志向を問うものであって（項目例：「男言葉には男が，女言葉には女が，それぞれふさわしいと思う」），性別受容を問うには不適切であると思われた。

　そこで，青木（1991）と伊藤（2001）が女性性受容を問う項目として使用した「女に生まれてよかったと思う」，「生まれ変わるとしたら男女どちらがいいか」という2項目に相当する項目を小出（2000）の尺度から抜いてそれを採用することにした。以下がその2項目である。「自分の今の性別に生まれてよかったと思う」，「今度生まれ変わるとしたら，今とは反対の性別に生まれたい」。評定は4段階である。

④ ステレオタイプな性役割への同調尺度（併存的妥当性）

　ジェンダー・アイデンティティを構成する領域として伊藤（2001）によって挙げられた因子に「ステレオタイプな性役割への同調」がある。性役割志向的なものの見方をしていることは，女性（男性）としてどうなりたいのかということの明確性（展望的性同一性）や，社会と自分の性別が適応的に結びついているという感覚（社会現実的性同一性）と関連があると考え採用した。評定は5段階であり，6項目である。

⑤ 性役割パーソナリティ尺度（併存的妥当性）

　ジェンダー・アイデンティティを捉える際，しばしば用いられてきたのは性役割パーソナリティ尺度である。これはステレオタイプな性役割への同調と同様に「展望的性同一性」や「社会現実的性同一性」との関連が予想できると思われるため採用した。今回は協力者の負担を考え，もっとも項目数の少ない伊藤（1978）の性役割パーソナリティ尺度を使用することにした。評定は7段階

であり，男性性10項目，女性性10項目である。

●妥当性の検討内容

「自己一貫的性同一性」と「他者一致的性同一性」については，性別受容２項目との相関で併存的妥当性を検討し，トランスジェンダー当事者との得点差および当事者と非当事者の自尊感情尺度の相関で構成概念妥当性を検討する。「展望的性同一性」と「社会現実的性同一性」については，性別受容２項目，ステレオタイプな性役割への同調，性役割パーソナリティ尺度の相関で併存的妥当性を検討し，男女の得点差で構成概念妥当性を検討する。

結　果

●因子分析結果（因子モデルの確定）

２因子モデルと仮定していた４因子モデル，そして高次因子モデルのどれがもっとも適合度がよいのかを比較するため確認的因子分析を行った。なお，高次因子モデルについては「社会現実的性同一性」因子の誤差分散が負の値をとったため，０に固定して推定を行った。

その結果，２因子モデルが$\chi^2 = 289.5$(df＝89，p＜.0001)，AIC＝17588.9，BIC＝17713.5，RMSEA＝0.074，４因子モデルが$\chi^2 = 228.5$(df＝84，p＜.0001)，AIC＝17537.9，BIC＝17682.7，RMSEA＝0.065，高次因子モデルが$\chi^2 = 229.6$(df＝86，p＜.0001)，AIC＝17534.9，BIC＝17671.7，RMSEA＝0.064であることが示されたため，本調査では高次因子モデルが採択された（図７）。「自己一貫的性同一性」と「他者一致的性同一性」の高次因子は「一致一貫的性同一性」と名づけ，「展望的性同一性」と「社会現実的性同一性」の高次因子は「現実展望的性同一性」と名づけることにした。

また，男女込み（$N=412$）で因子分析（主因子法，プロマックス回転）を行った結果，固有値１以上の２因子が抽出され，予備調査とほぼ同じ因子構造が得られた（固有値は第１因子が5.511，第２因子が2.799，第３因子が0.941）。男女別の因子構造もほぼ同様であった。

探索的因子分析を４因子解で行った場合，１因子目と２因子目は因子負荷量

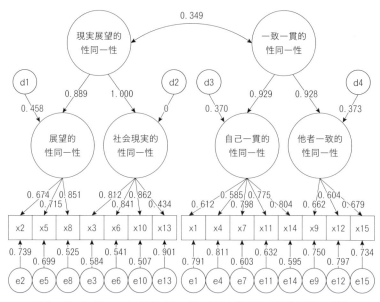

図7　ジェンダー・アイデンティティ尺度（GIS）の高次因子モデル

註）　双方向矢印は相関係数
　　　上から下への片方向矢印は因子負荷量
　　　ｄとｅは誤差項
　　　ｘは質問項目番号

　から「現実展望的性同一性」と「一致一貫的性同一性」と命名することができた。しかし3因子目と4因子目は解釈不可能であった。これは探索的因子分析の結果得られた3因子目と4因子目は，1因子目と2因子目で説明された後の残差を説明していたからである。したがって，探索的因子分析によって求められた4因子と高次因子モデルの1次因子にあたる4因子は異なる。

　以下，信頼性・妥当性の検討は，高次の2因子と低次の4因子それぞれについて行うことにした。

● GIS の信頼性検討結果

　各下位尺度の内的整合性（α係数）は，項目と共に**表10**に示す。「他者一致的性同一性」は若干低かったが，それ以外は充分に高い値が得られた。

表10　ジェンダー・アイデンティティ尺度（GIS）質問項目

現実展望的性同一性（女性：$\alpha = .86$/男性：$\alpha = .88$）

展望的性同一性（女性：$\alpha = .83$/男性：$\alpha = .76$）
2．自分が女性（男性）として望んでいることがはっきりしている。
5．自分が女性（男性）としてどうなりたいのかはっきりしている。
8．自分が女性（男性）としてするべきことが、はっきりしている。

社会現実的性同一性（女性：$\alpha = .80$/男性：$\alpha = .83$）
3．現実の社会の中で、女性（男性）として自分らしい生き方ができると思う。
6．現実の社会の中で、女性（男性）として自分らしい生活が送れる自信がある。
10．現実の社会の中で、女性（男性）として自分の可能性を充分に実現できると思う。
#13．女性（男性）として自分らしく生きてゆくことは、現実の社会の中では難しいだろうと思う。

一致一貫的性同一性（女性：$\alpha = .87$/男性：$\alpha = .82$）

自己一貫的性同一性（女性：$\alpha = .81$/男性：$\alpha = .82$）
#1．過去において、自分の性別に自信がもてなくなったことがある。
#4．過去において、自分の性別をなくしてしまったような気がする。
#7．いつからか自分の性別がわからなくなってしまったような気がする。
#11．今のままでは次第に自分の性別がわからなくなっていくような気がする。
#14．自分の性別に迷いを感じることがある。

他者一致的性同一性（女性：$\alpha = .71$/男性：$\alpha = .66$）
#9．人に見られている自分の性別と本当の自分の性別は一致していないと感じる。
#12．女性（男性）としての自分は、人には理解されないだろう。
#15．人前での自分の性別は、本当の自分の性別ではないような気がする。

#は反転項目

●妥当性の検討 ① 各尺度相関

　妥当性検討尺度（項目）の基礎統計量については、**表11**に示す。

　併存的妥当性の検討のため、性別受容項目、ステレオタイプな性役割への同調、性役割パーソナリティとの相関を出した。結果を**表12**に示す。性別受容項目は、全因子で男女ともに有意な相関がみられた。ステレオタイプな性役割への同調は、高次の「現実展望的性同一性」とその低次因子で低い相関が男女ともに確認された。また性役割パーソナリティは、男性では男性性とに、女性では女性性とにそれぞれ低い相関がみられた。

　構成概念妥当性については、自尊感情との相関を出した。その結果、女性とトランス男性では全因子に、トランス女性では2因子に有意な相関がみられ、男性は無相関であった（**表13**）。

表11　妥当性検討尺度（項目）の基礎統計量

| | 女性 (N＝205) | | 男性 (N＝207) | |
	Mean (SD)	α 係数	Mean (SD)	α 係数
性別受容	6.01 (1.67)	.659	6.62 (1.47)	.554
ステレオ	18.31 (4.57)	.735	18.04 (5.15)	.780
男性性	39.98 (8.10)	.764	39.51 (7.82)	.682
女性性	44.11 (9.78)	.870	43.87 (10.61)	.873
自尊心	32.92 (7.75)	.880	33.29 (7.78)	.837

　註）　性別受容＝性別受容2項目，ステレオ＝性役割ステレオタイプへの同調，
　　　　男性性＝男性役割パーソナリティ，女性性＝女性役割パーソナリティ

表12　GIS と妥当性検討尺度（項目）の相関（併存的妥当性）

高次2因子（女性 N＝205　男性 N＝207）

| | 一致一貫的性同一性 | | 現実展望的性同一性 | |
	女性	男性	女性	男性
性別受容	.294***	.328***	.421***	.330***
ステレオ	−.019	.078	.252***	.201**
男性性	.013	.131	.102	.326***
女性性	.081	−.037	.163*	−.071

低次4因子（女性 N＝205　男性 N＝207）

| | 自己一貫的性同一性 | | 他者一致的性同一性 | | 展望的性同一性 | | 社会現実的性同一性 | |
	女性	男性	女性	男性	女性	男性	女性	男性
性別受容	.249***	.322***	.328***	.240***	.344***	.306***	.408***	.317***
ステレオ	−.028	.090	−.001	.020	.283***	.195**	.181***	.186**
男性性	.009	.109	.018	.127	.115	.264***	.074	.342***
女性性	.048	−.065	.125	.014	.182*	−.030	.163*	.118

*$p<.05$　**$p<.01$　***$p<.001$
　註）　性別受容＝性別受容2項目，ステレオ＝性役割ステレオタイプへの同調，男性性＝男性役割パーソナリティ，女
　　　　性性＝女性役割パーソナリティ

● 妥当性の検討 ②「現実展望的性同一性」の男女差

　女性のほうが性役割に葛藤を感じやすいという先行研究（柏木，1972；伊藤，1978；伊藤・秋津，1983；馬場，1997；遠藤・橋本，1998）から，高次の「現実展望的性同一性」と低次の「展望的性同一性」，「社会現実的性同一性」の得点は，男性よりも女性のほうが低いことが予想される。

　t検定の結果，高次の「一致一貫的性同一性」と低次の2因子には有意差が

表13　GISと自尊感情尺度の相関（構成概念妥当性）

高次2因子

	一致一貫的 性同一性	現実展望的 性同一性
女性（N=205）	.325***	.333***
男性（N=207）	-.080	-.086
トランス女性（N=120）	.280***	.242***
トランス男性（N=155）	.350***	.427***

低次4因子

	自己一貫的 性同一性	他者一致的 性同一性	展望的 性同一性	社会現実的 性同一性
女性（N=205）	.295***	.330***	.295***	.304***
男性（N=207）	-.077	-.061	-.060	-.100
トランス女性（N=120）	.169	.348***	.060	.336***
トランス男性（N=155）	.259***	.450***	.244***	.429***

***p<.001

なかったが，高次の「現実展望的性同一性」，低次の「社会現実的性同一性」には有意な差が認められ，女性のほうが有意に低かった。しかし，低次の「展望的性同一性」には有意差はなかった（高次／一致一貫的：t＝0.31，ns，現実展望的：t＝−3.29，p＜.001，低次／自己一貫的：t＝0.39，ns，他者一致的：t＝−1.35，ns，展望的：t＝1.82，ns，社会現実的：t＝4.05，p＜.001，いずれも df＝410）。

● 妥当性の検討③「一致一貫的性同一性」のトランスジェンダー当事者との比較
　トランスジェンダー当事者は非当事者よりも「一致一貫的性同一性」とその低次因子の得点が低くなるであろうことが予想される。そこで，女性，男性，トランス女性，トランス男性の群の違いを水準とした一元配置の分散分析を行った。
　その結果，「一致一貫的性同一性」とその低次因子は，トランスジェンダー当事者のほうが有意に低かった（一致一貫的：F(3, 683)＝284.01，p＜.001，自己一貫的：F(3, 683)＝217.88，p＜.001，他者一致的：F(3, 683)＝230.59，p＜.001）。

表14　因子別平均値と標準偏差（構成概念妥当性）

高次 2 因子

	一致一貫的 性同一性	現実展望的 性同一性
女性 (N =205)	52.16（ 6.62）	35.16（7.64）
男性 (N =207)	51.97（ 6.06）	37.71（8.06）
トランス女性 (N =120)	33.55（10.13）	37.36（7.04）
トランス男性 (N =155)	33.41（10.95）	39.14（6.98）
分散分析	284.01 *** トランス男女＜男女	8.79 *** 女性＜男性・トラ ンス男女

低次 4 因子

	自己一貫的 性同一性	他者一致的 性同一性	展望的 性同一性	社会現実的 性同一性
女性 (N =205)	32.58（3.99）	19.58（2.37）	15.04（3.81）	20.12（4.69）
男性 (N =207)	32.73（4.10）	19.24（2.79）	15.75（3.96）	21.97（4.59）
トランス女性 (N =120)	21.66（6.89）	11.90（5.09）	17.00（3.60）	20.37（4.45）
トランス男性 (N =155)	21.89（7.19）	11.52（5.03）	18.18（3.06）	20.97（5.19）
分散分析	217.88*** トランス男女＜男女	230.59*** トランス男女＜男女	24.64*** 男女＜トランス女 ＜トランス男	5.90*** 女・トランス男女 ＜男

（　）内は SD
*** p＜.001
多重比較により有意な差が見られた箇所については不等号で示した。

　しかし，「展望的性同一性」については，当事者のほうが高く（F(3, 683)
＝24.64, p＜.001），「社会現実的性同一性」は，男性がその他 3 群よりも有
意に高かった（F(3, 683)＝5.90, p＜.001）。結果は表14に示す。
　なお，「一致一貫的性同一性」とその低次因子は等分散性が棄却されたため
Games-Howell 法で，「現実展望的性同一性」とその低次因子は Tukey 法で多
重比較された。

考　察

●妥当性の検討について

「一致一貫的性同一性」とその低次因子ついては，性別受容2項目との相関で併存的妥当性が確認された。また，トランスジェンダー当事者との比較と自尊感情との相関によって，構成概念妥当性を確認した。「現実展望的性同一性」とその低次因子については，性別受容項目，ステレオタイプな性役割への同調および性役割パーソナリティとの相関から併存的妥当性を確認した。また構成概念妥当性については，男女の得点差と自尊感情との相関から確認した。ただし自尊感情については，群ごとで相関の有無があったため後述する。

　なお，いずれの因子も相関係数は低く，強く妥当性が支持されたとはいいがたいように思われる。しかし本尺度のメリットは，性別受容や性役割など，今までジェンダー・アイデンティティと混在して捉えられていた類似概念を各々弁別できるところにある。したがって，得られた相関係数値で妥当であると判断した。

●ジェンダー・アイデンティティと自尊感情について

　ジェンダー・アイデンティティと自尊感情については，シスジェンダー男性では関連がないことを予想した。このことは Wade & Gelso（1998）の研究でもいわれており，尺度のうちの2因子（"Reference Group Nondependent Diversity: さまざまな男性がいることへの好意的評価" と "Reference Group Nondependent Similarity: 男性全般とつながっているという感情"）が自尊感情（SEI: Coopersmith, 1967）と無相関だったという。男性役割パーソナリティと自尊感情に関連はあっても（東・今村，1999；石田，1994），男性という性別へのアイデンティティと自尊感情には関連がないということが本研究でも示されたといえる。

　また予測と反せず，先行研究では不適応状態にある場合は男性でも自尊感情との相関がみられたが，トランス男性では全因子で相関があったのに対し，トランス女性では低次の「他者一致的性同一性」と「社会現実的性同一性」のみに関連があった。このことについては，女性が男性として生きるよりも男性が

女性として生きるときの社会的スティグマのほうが大きい（Heyes ＆ Leonald, 1983; 東，2005）ことが関連しているのではないかと考えられる。つまり，女性としての自己に一貫性があり女性としてどうありたいのかが明確であるとしても，スティグマがゆえに自尊感情にはつながらず，他者や社会にどう見られるか，どう受け入れられるかのみが自尊感情と関係するのではないかと推察される。

●トランスジェンダー当事者における「現実展望的性同一性」の低次 2 因子について
「現実展望的性同一性」の低次因子である「展望的性同一性」は，非当事者よりも当事者のほうが得点が高かった。これはおそらく，出生時に割り当てられた性別ではない性別のほうに帰属しているがゆえに，余計に性別を意識せざるを得ない状態にあり，非当事者以上にありたい姿への意識が明確なのではないかと考えられる。

　一方，「社会現実的性同一性」については，他の 3 群と比べ男性の得点が有意に高かった。これにより，こうありたいという姿が明確でありながら，現実の社会では相対的にシスジェンダーの男性ほど強くはジェンダー・アイデンティティをもてないのがトランスジェンダー当事者であり，こうありたいという姿も当事者ほどには明確でなく，しかも現実社会でもシスジェンダーの男性ほどには強くジェンダー・アイデンティティをもてないのがシスジェンダーの女性だということが示唆されたと思われる。

2　身体への医学的介入とジェンダー・アイデンティティの関連

（1）　横断研究から

　トランスジェンダーの心理学研究では，目の前の当事者が性別適合手術を受ける妥当性があるのか否かに関心が注がれ，手術の成否や予後を予測する一材料として，心理アセスメントに関する研究が多くなされてきた（Midence ＆

Hargreaves, 1997)。これに対し，実際には，性別適合手術を受けた当事者は手術を受けたことについて後悔はしていないともいわれている（Kuiper & Cohen-Kettenis, 1988; Lawrence, 2003; Rakic et al., 1996）。

　重要なのは，身体介入前以上に，介入後の生活であろう。そこで，介入後のジェンダー・アイデンティティについて検討する。トランスジェンダー当事者の場合，身体への医学的治療によってその性別へのアイデンティティが強固なものになるのか否かということは，性的自己の形成を考える上で視点の1つと考えられる。

　そこでまず，身体への医学的介入とジェンダー・アイデンティティには関連があるのか否かを明らかにする。

方　法
●協力者
　性別違和を主訴に精神神経科クリニックを訪れ，精神科医から直接質問紙を手渡されたトランス女性120名（平均年齢：34.4歳（15～53歳，無回答29名），トランス男性155名（平均年齢：26.7歳（13～46歳，無回答42名）に協力をしてもらった。回収にあたっては，クリニック内で回答しその場で提出するか，もしくは後ほど郵送するかを選択してもらった。配布期間は2003年10～11月。

●使用尺度と調査内容
　第3章1節(2)で作成されたジェンダー・アイデンティティ尺度（Gender Identity Scale: GIS）を使用した。また，自らの身体への医学的介入の程度についても回答を求め，ホルモン療法，乳房切除術（トランス男性のみ），性別適合手術の有無について尋ねた。無回答のデータは分析から除外した。

結　果
　トランス男性を ① 身体未治療群，② ホルモン療法群，③ 乳房切除術群，④ ホルモン療法及び乳房切除術群，⑤ 性別適合手術群（Sex reassignment surgery: 以下SRS　この群は，ホルモン療法とトランス男性であれば乳房切除済

表15　トランス男性の治療別ジェンダー・アイデンティティ得点平均値

	N	自己一貫的 性同一性	他者一致的 性同一性	展望的 性同一性	社会現実的 性同一性
SRS	6	30.50(4.76)	18.00(3.69)	19.16(2.31)	18.16(1.47)
ホル・乳切	28	24.96(6.96)	16.54(4.49)	19.10(3.52)	18.32(3.83)
乳房切除	4	24.50(8.81)	14.25(6.80)	17.25(2.98)	19.00(1.63)
ホルモン	13	24.54(5.72)	13.08(4.46)	18.15(4.00)	17.00(3.67)
身体未治療	98	20.33(6.74)	9.52(3.82)	17.97(2.68)	15.74(3.89)
分散分析		$F(4,144)=5.91$***	$F(4,144)=21.06$***	$F(4,144)=1.05$	$F(4,144)=3.40$*
多重比較 (Tukey)		身体未治療<SRS** 身体未治療<ホル・乳切*	身体未治療<SRS*** 身体未治療<ホル・乳切*** 身体未治療<ホル*	n.s	身体未治療<ホル・乳切*

( ) 内は SD　　　　　　　　　　　　　　　　　　　　　*p<.05, **p<.01, ***p<.001

表16　トランス女性の治療別ジェンダー・アイデンティティ得点平均値

	N	自己一貫的 性同一性	他者一致的 性同一性	展望的 性同一性	社会現実的 性同一性
SRS	15	23.93(7.19)	11.53(5.06)	17.93(2.89)	17.27(2.89)
ホルモン	71	21.39(6.72)	12.04(5.40)	17.09(3.72)	17.10(3.72)
身体未治療	32	21.53(7.20)	11.78(4.55)	16.31(3.59)	16.31(3.59)
分散分析		$F(2,115)=0.86$	$F(2,115)=0.07$	$F(2,115)=1.12$	$F(2,115)=2.21$
多重比較 (Tukey)		n.s	n.s	n.s	n.s

( ) 内は SD　　　　　　　　　　　　　　　　　　　　　*p<.05, **p<.01, ***p<.001

である。協力者数を確保するため，内性器摘出を行っていればSRS群とした）の5つに分類し，従属変数をジェンダー・アイデンティティ尺度の4因子にした分散分析を行った。その結果，トランス男性においては，自己一貫的，他者一致的，及び社会現実的性同一性に主効果が認められた。多重比較の結果，ホルモン療法及び乳房切除群とSRS群は，身体未治療群よりも自己一貫的，他者一致的性同一性が有意に高かった。他者一致的性同一性については，ホルモン療法だけの群でも身体未治療群より5％水準で有意に高かった。また社会現実的性同一性に関しても，ホルモン療法及び乳房切除群は，身体未治療群よりも5％水準で有意に得点が高かった（**表15**）。

トランス女性は，乳房切除術が必要とされないため，① 身体未治療群，②ホルモン療法群，③ SRS 群（この群は，ホルモン療法済である）の 3 群に分類し，従属変数をジェンダー・アイデンティティ尺度の 4 因子にして分散分析を行った。その結果，どの群にも有意差はみいだされなかった（**表16**）。

考　察

トランス男性は，身体治療をしている者のほうがしていない者よりもジェンダー・アイデンティティ得点が高かった。しかし，トランス女性においてはそのような傾向は見られなかった。

本研究は縦断研究ではないため，身体治療によってジェンダー・アイデンティティが高まったのかどうかは判断できない。したがって，トランス男性の場合は，もともと男性アイデンティティの強い者が医学的身体治療に踏み切ったという可能性も考えうるし，同様に，トランス女性の場合は，女性アイデンティティが強くないのに身体治療を行ったという解釈も成り立つ。しかしいずれにせよ，性別適合手術まで行っているトランス女性が，身体未治療の者と比べ，女性アイデンティティを強くもっていないのである。

トランス男性はトランス女性よりも術後が順調であるとよくいわれ（Blanchard et al., 1985; Kuiper & Cohen-Kettenis, 1988; Landen et al., 1998），トランス女性のみの術後を追った調査結果でも，「手術したことを悔やむ者はいないが，1/4のトランス女性が女性としてやっていくことが難しいと落胆している」（Rehman et al., 1999）といわれている。

術後のトランス女性がトランス男性に比べ，ジェンダー・アイデンティティを強くもてないのには 3 点の要因が考えられる。

1 点目に，身体変化の困難さが挙げられる。医学的身体治療に関して，トランス女性が術後に不満をもつのは，技術の限界からくる膣の形成レベルと機能不全（Lawrence, 2003）だけではなく，足や手の大きさ，声，喉仏，髭，肩幅など，ホルモン療法や性器の手術では変えられなかった部分に向けられる[3]（Rakic et al., 1996）。この点，トランス男性の場合，「二次性徴発現後でも，アンドロゲン製剤の投与により，月経は停止し，筋肉質となり，ひげが生え，声

も低くなることが多い」（中塚ら，2006）ため，医学的身体治療を行ったトランス男性とトランス女性とでジェンダー・アイデンティティの強さに差が出てしまうのかもしれない。また，術後の性行為についてトランス男性はトランス女性よりもマスターベーション，性的満足，性的興奮，オーガズムを有意に多く経験しているという報告もある（De Cuypere et al., 2005）。

　2点目に，トランス女性の精神科併存症の存在が挙げられる。トランス女性全体の精神構造傾向に関しては，統合失調症様を示すとする研究結果は見られないが，境界性パーソナリティ障害（BPD）とパーソナリティ構造が同じであるとする研究結果（Murray, 1985）や，人格の安定性がなく心理的障害の程度が重いという結果（Lothstein, 1984; 庄野，2001）が報告されている。このような精神科併存症の存在がトランス男性よりもトランス女性に多くみられることを考慮すると，身体治療を行ったとしても，不安定な自己表象は引き続き，他者認知，自己認知に変化がもたらされず，女性としてのアイデンティティに自信がもてない状態が引き続くと推察される。ただし，この精神科併存症については，トランス男性に比べてトランス女性が多いとはいえないとする研究報告（Collier et al., 1997）も存在している。

　3点目に，社会的受け入れの壁が挙げられる。一般的に，男性のような格好や行動をする女性よりも，女性のような格好や行動をする男性のほうが違和感をもたれ（Hayes & Leonard, 1983），「背が高く，重く低い声，濃い髭，刺青をした男性が実際にトランスセクシュアルであったとしても，滑稽な女性に見えるようになるだけであり，こうした状況において私は性別適合手術を勧めない」（Pomeroy, 1975）という1970年代の臨床医が述べた見解さえある。このように，社会の性概念や価値観が，彼女たちの生き方を阻むことがある。このため，トランス男性よりもトランス女性のほうが社会の中で生きていくにあたり，理解が得にくく，たとえ医学的身体治療をしたとしても，女性のアイデンティティを強くもてないという状態にあることが考えられる。

　「身体的な治療をしたことを後悔している者はほとんどいない」（Kesteren et al., 1996; Kuiper & Cohen-Kettenis, 1988; Lawrence, 2003; Meyer & Reter, 1979; Rakic et al., 1996; Rehman, et al., 1999）という数多くの報告と本研究の結果から，

「身体的な治療そのものは満足のいくものであっても，それを行っている人たちが必ずしも女性アイデンティティを強くもてているわけではない」ということが示唆されているのではないかと思われる。まさに「手術には成功したが社会には失敗」（三井，2003）である。

Rehman et al.（1999）は，術後も心理療法の必要性を述べているが，手術をしたからそれで終わりなのではなく，その後にわたる苦痛に対しても適切なサポートが受けられるよう，門戸は常に開けておく必要があるだろう。と同時に，社会に対しても，性別を変えて生きていくことにも多様な形態があるという理解が求められる。社会の理解が進み，実際はさまざまな性別移行の状態があるということが了解されれば，手術やホルモン療法をしなくてもジェンダー・アイデンティティを安定してもてる者などが増えるかもしれない。本結果は，性同一性障害"治療"としてのホルモン療法や手術療法といった身体的介入が必ずしもジェンダー・アイデンティティを支える有効手段とはならない可能性を示唆しており，医学的な身体治療以外のサポート資源を探る必要性を強く求めるものである。

（2）　縦断研究から

前項で，身体への医学的介入とジェンダー・アイデンティティとの関連について，トランス男性では身体治療をした者のほうがしていない者に比べ，ジェンダー・アイデンティティ得点が高い一方，トランス女性については群間に有意差は得られなかったという結果を得た。しかしこれは横断での測定結果に過ぎず，個人内変動については言及できていない。したがって，もともとジェンダー・アイデンティティ得点が高いトランス男性が身体への医学的治療を行っているのか，あるいは身体治療をしたためにトランス男性のジェンダー・アイデンティティ得点が高くなったのかという因果の方向性は明らかでない。またトランス女性についても，個人において効果をもたらさないのか否かも明らかではない。そこで，縦断で当事者の経過を追い，身体治療がジェンダー・アイデンティティ得点に及ぼす「効果」について検討をする。

日本精神神経学会・性同一性障害に関する委員会（2012）による「性同一性障害に関する診断と治療のガイドライン（第4版）」においては，身体治療は決まったパターンを実施するのではなく，アラカルト方式となっており，当事者が実施したい身体治療を自己決定することが謳われているが，SRSを実施するにあたっては，ホルモン療法をすでに受けていることが一般的である。そこで縦断データの分析にあたっては，ホルモン療法を実施していた人がSRSを受けることで，ジェンダー・アイデンティティ得点に影響が及ぼされるのか否かという点を特に検討したい。

方　法
●協力者
　トランス女性58名，トランス男性71名，合計129名，平均年齢は前者が40.5歳（無回答8名），後者が30.0歳（無回答12名）であった。協力者は，2003年に性別違和を主訴に精神神経科クリニックを訪れ，精神科医から直接質問紙を手渡されている。本研究では，2003年の調査において“その後の調査に協力してもよい”と回答した人々が対象である。2006〜2007年にかけて対象者の自宅に質問紙を郵送したところ，回収率は67.8％であった。

●使用尺度と調査内容
　協力者は身体への医学的治療の程度について回答を求められている。医学的身体治療の内容は，ホルモン療法，乳房切除術（トランス男性のみ），内性器・外性器手術（性別適合手術。Sex Reassignment Surgery，以下SRSと表記）である。横断調査時同様，協力者数を確保するため，内性器を摘出していればSRS群とした。外性器手術をしている人は内性器手術も実施している。
　使用尺度は，第3章1節（2）で作成されたジェンダー・アイデンティティ尺度である。これを従属変数として，2003年時（Time1）の4因子の得点が2006年時（Time2）と比較して変化があるのかどうかを検討し，身体治療の効果を明らかにする。

結　果

　分析は，従属変数をジェンダー・アイデンティティ尺度の各4因子とした，対応のある t 検定で行った。まず，2003年時（Time1）に身体への医学的治療を受けておらず，2006年時（Time2）に受けていた人たちの各因子の平均値が有意に上昇しているのかを検討した。有意に上昇していれば，身体治療の効果があったといえる。しかし，身体治療を受けていない人がその後も引き続き治療を受けていない場合も，実生活では性別を移行していることもある。この場合に得点上昇がみられれば，身体治療の効果ではなくその他の要因がかかわっていることになる。したがって Time1 においても Time2 においても身体治療を受けていない人たちの得点に関しても検討する。

　トランス男性は，① 身体未治療群，② ホルモン療法及び乳房切除術群，③ SRS 群の3つに分類した。ホルモン療法及び乳房切除術のうち，いずれしか受けていない人は少数であり，統計的検定に耐えられないため除外した。トランス女性は，乳房切除術が必要とされないため，① 身体未治療群，② ホルモン療法群，③ SRS 群の3群に分類した。

　当初ホルモン療法のみを受けていた人たちが，その後 SRS を受けた場合に，ジェンダー・アイデンティティ得点に変化が見られるのか否かという点を明確にするため，身体未治療だった人たちが2回目の調査でホルモン療法も SRS も実施していた場合は，ジェンダー・アイデンティティへの効果がホルモン療法に起因するのか SRS に起因するのか不明瞭となってしまうため，除外した。

　表に結果を示す。**表17**がトランス男性の結果，**表18**がトランス女性の結果である。

　トランス男性については，未治療群がホルモン療法と乳房切除術を行うと有意に「自己一貫的性同一性（t = − 3.88，df = 21，d = 0.61）」，「他者一致的性同一性（t = − 5.76，df = 21，d = 1.32）」の得点が高くなる傾向がみられた。特に，「他者一致的性同一性」は，d 値が1を超え，たいへん大きな効果をもたらしていることが分かる。「展望的性同一性（t = 2.71，df = 21，d = 0.45）」の得点が下がったのは，それまでホルモン療法などでどう変わるのかも含めた男性としての展望性があったものの，治療が済み，ある程度の峠を越えたため

表17　トランス男性における身体への医学的治療の効果

身体未治療→身体未治療　（N＝14，df＝13）

	自己一貫的性同一性		他者一致的性同一性		展望的性同一性		社会現実的性同一性	
	Time1	Time2	Time1	Time2	Time1	Time2	Time1	Time2
M	13.93	16.71	7.64	8.79	15.85	14.64	18.36	15.64
SD	7.13	7.76	1.98	4.89	3.48	5.37	4.03	6.37
t	−1.60		−1.02		1.05		2.16	
r	0.62		0.54		0.60		0.68	
d	0.37		0.31		0.27		0.51	
1−β	0.80		0.88		0.83		0.84	
p	ns		ns		ns		*	

身体未治療→ホルモン療法＆乳房切除術　（N＝22，df＝21）

	自己一貫的性同一性		他者一致的性同一性		展望的性同一性		社会現実的性同一性	
	Time1	Time2	Time1	Time2	Time1	Time2	Time1	Time2
M	21.95	25.36	10.18	15.77	19.00	17.64	21.05	21.45
SD	6.00	5.09	4.16	4.31	2.31	3.58	6.51	6.95
t	−3.88		−5.76		2.71		−0.26	
r	0.73		0.42		0.76		0.39	
d	0.61		1.32		0.45		0.06	
1−β	0.75		0.99		0.75		0.89	
p	**		***		*		ns	

ホルモン療法＆乳房切除術→ SRS　（N＝6，df＝5）

	自己一貫的性同一性		他者一致的性同一性		展望的性同一性		社会現実的性同一性	
	Time1	Time2	Time1	Time2	Time1	Time2	Time1	Time2
M	28.00	31.17	18.83	20.17	18.83	19.50	24.17	26.00
SD	4.42	4.40	2.93	1.60	1.33	2.51	3.66	3.10
t	−2.26		−2.39		−0.60		−1.41	
r	0.70		0.99		0.09		0.56	
d	0.72		0.57		0.33		0.54	
1−β	0.82		0.63		0.91		0.86	
p	ns		ns		ns		ns	

***p<.001，**p<.01，*p<.05
相関係数は再現分析用に表示
Cohen's d効果量：0.2から0.3を「小」，0.5周辺を「中」，0.8以上を「大」

表18　トランス女性における身体への医学的治療の効果

身体未治療→身体未治療（N＝6, df＝5）

	自己一貫的性同一性		他者一致的性同一性		展望的性同一性		社会現実的性同一性	
	Time1	Time2	Time1	Time2	Time1	Time2	Time1	Time2
M	17.83	16.17	7.50	7.17	14.00	15.17	15.83	14.67
SD	7.94	9.09	5.21	4.67	5.76	6.08	6.40	8.16
t	0.60		0.15		−0.36		0.30	
r	0.69		0.42		0.10		0.13	
d	0.20		0.07		0.20		0.16	
$1-\beta$	0.80		0.92		0.89		0.90	
p	ns		ns		ns		ns	

身体未治療→ホルモン療法（N＝14, df＝13）

	自己一貫的性同一性		他者一致的性同一性		展望的性同一性		社会現実的性同一性	
	Time1	Time2	Time1	Time2	Time1	Time2	Time1	Time2
M	20.21	20.36	7.29	13.00	15.64	15.79	17.07	19.21
SD	7.69	5.14	2.30	4.87	2.65	4.90	4.16	6.28
t	−0.07		−4.63		−0.90		−0.12	
r	0.42		0.34		0.49		−0.42	
d	0.02		1.50		0.04		0.40	
$1-\beta$	0.95		0.99		0.93		0.97	
p	ns		***		ns		ns	

ホルモン療法→SRS（N＝17, df＝16）

	自己一貫的性同一性		他者一致的性同一性		展望的性同一性		社会現実的性同一性	
	Time1	Time2	Time1	Time2	Time1	Time2	Time1	Time2
M	23.88	24.41	14.12	16.35	16.47	16.24	20.82	20.52
SD	6.85	5.43	5.11	3.82	5.04	3.07	5.69	6.25
t	−0.27		−1.66		0.17		0.18	
r	0.16		0.25		0.23		0.25	
d	0.09		0.50		0.06		0.05	
$1-\beta$	0.91		0.95		0.92		0.92	
p	ns		ns		ns		ns	

***$p<.001$, **$p<.01$, *$p<.05$
相関係数は再現分析用に表示
Cohen's d 効果量：0.2から0.3を「小」，0.5周辺を「中」，0.8以上を「大」

かもしれない。また，ホルモン療法・乳房切除術を実施していたトランス男性がその後，SRS を実施すると，ジェンダー・アイデンティティ得点に影響が見られるかどうかについては，統計的に有意な上昇あるいは下降はみられなかった。しかしこれは，分析人数が少ないため検出できなかった可能性がある。特に，「他者一致的性同一性」に関しては，検定力（$1-\beta$）が0.63であり，第2種の誤りを犯している危険性が高い[4]。そのために有意とはならなかった可能性があるが，効果量としては0.57で中程度の値であり，それなりの影響があることが推定される。サンプルサイズが増えれば有意となっていたかもしれない。なお，未治療のままであると，社会現実性同一性が有意に下がる傾向がみられた（t = 2.16，df = 13，d = 0.51）。

　トランス女性については，唯一，身体未治療であった人たちがホルモン療法を実施すると，有意に「他者一致的性同一性」得点が上昇するというデータが得られた（t = − 4.63，df = 14，d = 1.50）。効果量が大きく，ホルモン療法が他者と自己の性別の一致感を高めるのに，大きな影響を及ぼしているという結果となった。

考　察

　トランス男性においては，サンプルサイズの都合上，乳房切除術とホルモン療法の単独でのジェンダー・アイデンティティへの効果を検討することができなかった。これは，初回調査時点（Time1）では身体未治療だったが2回目調査時（Time2）でホルモン療法だけを実施していた協力者が4名，Time1 では身体未治療だったが Time2 で乳房切除術だけを実施していた協力者が1名であり，統計的検定に耐えることはできないと判断されたためである。

　当事者はアラカルト方式で，望みの身体治療を選択すると前述したが，その他，協力者の身体治療の実施状況は以下である。Time1 にホルモン療法と乳房切除術を実施していたが Time2 も同様であった協力者が3名，Time1 で乳房切除術を実施していたが Time2 も同様であった協力者が2名，Time1 では身体未治療だったが Time2 でホルモン療法も乳房切除術も SRS も実施した協力者が4名，Time1 でホルモン療法だけを実施していたが Time2 では乳房切

除術のみを実施していた協力者 1 名（引き続きホルモン療法は実施），Time1
でホルモン療法だけを実施していたが Time2 では乳房切除術及び SRS も実施
していた協力者が 1 名（引き続きホルモン療法は実施）。

　そのため，ホルモン療法と乳房切除術の両方を実施した効果について検討す
ることとなったが，これについては自己の性別が一貫しているという感覚と，
他者と自分の性別が一致しているという感覚において，有意に効果を上げてい
た。SRS については有意とはならなかったが，タイプⅡエラーを起こしてい
る可能性が高く，効果量としては中程度の効果が見られていた。

　横断調査の結果では，トランス男性の場合，ホルモン療法群や乳房切除群，
SRS 群は，身体治療を受けていない群に比べ，有意に自己一貫的性同一性得
点や他者一致的性同一性得点が高いという結果が得られていた。この結果から
は，「もともとジェンダー・アイデンティティが高い群が身体治療を行ってい
たという可能性」を払拭できなかった。しかし，縦断で当事者を追跡した本結
果から，ホルモン療法と乳房切除術を受けた結果，自己の性別の一貫性や他者
との性別の一致感が強くなるということが明らかとなった。一方，SRS につ
いては，単独でジェンダー・アイデンティティの高まりに寄与するという結果
は，横断でも縦断でも見出されなかったが，縦断においてはタイプⅡエラーの
可能性があり，効果量としては中程度の影響が示唆された。

　トランス女性においては，横断で調査をした段階では，ホルモン療法群や
SRS 群が身体未治療群よりも自己一貫的性同一性得点や他者一致的性同一性
得点が高いわけではなかった。しかし，縦断でその後を追跡した結果，ホルモ
ン療法を行ったトランス女性の他者一致的性同一性得点は統計的に有意に上昇
しており，ホルモン療法をすることで，他者との性別の一致感が強まるという
結果が得られた。ホルモン療法をしていなければ，他者との性別の一致感は時
間を経ても強まることはなかったため，ホルモン療法の効果が大きな影響を及
ぼしていることが示唆された。横断で検討したときは群間には差はなくとも，
個人内では変動があったといえる。Leavitt ら（1980）によると，心理的機能
はホルモン療法の期間に依存し，トランス女性では女性ホルモンを投与する期
間の長さと心理的適応の良好さとに相関が見出されたという。今後，投与期間

を含めた追跡調査をする必要があるだろう。

　一方，SRS については，単独でジェンダー・アイデンティティの高まりに寄与するという結果は，トランス男性同様，横断でも縦断でも見出されなかった。ジェンダー・クリニックに来院する人たちのうち，SRS まで実施する当事者は2割程度ではないかといわれている[5)]。つまり，ホルモン療法のみで十分にジェンダー・アイデンティティが安定していれば，SRS を必要としないという人たちが相当数いることになる。本結果から示唆されるのは，SRS を実施するということは，すでにホルモン療法などで十分にジェンダー・アイデンティティが安定している人たちが，戸籍上の性別を変更したい[6)]，公衆浴場に入りたい，長年の願望だったなど，何らかの理由で SRS を視野に入れ実施しているということが考えられる。したがって，ホルモン療法はジェンダー・アイデンティティのために実施される医療サービスであるといえるが，SRS については，ジェンダー・アイデンティティへの効果の個人差が大きいため，ジェンダー・アイデンティティのためというよりも，別の理由で必要となる医療サービスであることが示唆された。

　ただし，本書では内性器摘出のみをしていれば SRS 群とみなしている。したがって，陰茎形成術も行うトランス男性，陰茎切除や造膣も行うトランス女性と，子宮・卵巣・精巣等の摘出だけを行うトランスジェンダーとを込みにして分析しているため，効果がみられなかったという可能性もあるかもしれない。

3 ｜ 典型的性役割と ジェンダー・アイデンティティの関連

（1） ステレオタイプな性役割への同調とジェンダー・アイデンティティ

　身体的治療によってのみ，トランスジェンダー当事者のジェンダー・アイデンティティが高まるわけではないことが明らかとなったが，それでは，その他

のどのような要因がトランスジェンダー当事者のジェンダー・アイデンティティの個人差要因となっているのであろうか。

　まずはステレオタイプな性役割への同調について検討する。シスジェンダーの場合，ステレオタイプな性役割に同調をしていれば，ジェンダー・アイデンティティが高いということがあったからこそ，これまでのジェンダー・アイデンティティ尺度の構成概念にステレオタイプな性役割への同調が入っていた。しかし，トランスジェンダー当事者においては因習的な性役割観に固執しているほうがジェンダー・アイデンティティが高いのだろうか。それを検討する。

方　法
●協力者
　女性205名（平均年齢：22.03歳（18〜44歳），無回答48名），男性207名（平均年齢22.18歳（18〜53歳），無回答39名），トランス女性120名（平均年齢：34.4歳（15〜53歳），無回答29名），トランス男性155名（平均年齢：26.7歳（13〜46歳），無回答42名）。配布期間は2003年10〜11月。

●使用尺度と調査内容
① 第3章1節（2）で作成されたジェンダー・アイデンティティ尺度（Gender Identity Scale: GIS）
② ステレオタイプな性役割への同調尺度

　伊藤（2001）の性同一性尺度の下位尺度である「ステレオタイプな性役割への同調」を使用する。項目は，「男性はスポーツの1つくらいはできて当然である」，「女性にとって大事なことは他人を思いやることである」といったステレオタイプな性役割に関するもの6項目であり，評定は5段階評価である。

結　果
　ジェンダー・アイデンティティとステレオタイプな性役割への同調との関連を検討するため，ジェンダー・アイデンティティ得点の高低，性同一性の性別，トランスジェンダー当事者非当事者を3要因とする分散分析を行った。その結

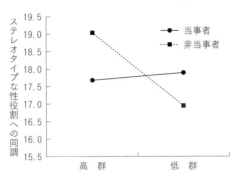

図8　ジェンダー・アイデンティティ得点高群
と低群の性役割ステレオタイプ同調得点

果，ジェンダー・アイデンティティ得点の高低×当事者非当事者の交互作用の
みが有意であり（$F_{(1, 686)} = 9.86$，$p < .001$；図 8 参照），3 要因の交互作用
も含め，その他の交互作用はどれも有意ではなかった。

　さらに，有意であった 2 要因の交互作用について再分析し，単純主効果の検
定を行った結果，非当事者高群は当事者高群よりも（$F_{(1, 683)} = 7.10$，$p <$
.01），非当事者低群よりも（$F_{(1, 683)} = 18.75$，$p < .001$）有意にステレオタ
イプな性役割への同調得点が高いが，当事者には高群と低群で得点差はなかっ
た（$F_{(1, 683)} = 0.14$，n.s）。

　当事者は非当事者とは異なり，ジェンダー・アイデンティティ高群が低群よ
りもステレオタイプな性役割への同調得点が高くはなかった。

考　察

　トランスジェンダー当事者は，性役割ステレオタイプに同調することとジェ
ンダー・アイデンティティとに関連がなく，ジェンダー・アイデンティティが
高い当事者が性役割ステレオタイプに同調しているわけではないということが
いえる。これは，非トランスジェンダー群であるシスジェンダーの傾向と対照
的である。

　性役割への同調が測定している内容は，ステレオタイプな性役割の価値観に

ついて同意する傾向である。これは性役割の中でも，より観念的で抽象的な志向性を問うているといえる。こうした認識レベルの性役割は内的様相であり，トランスジェンダー当事者は，ジェンダーに関する世のステレオタイプな価値観について思索せざるを得ない状態であるともいえ，「あるべき性別のあり方」をしばしば深く考えている。他者から男らしさ，女らしさを強要されることに強い反発を感じるものもいれば，一方で，その男らしさ・女らしさを体現したかったのだからと価値観を受容するもいるだろう。たとえば，トランス女性が女性役割を取るよう周囲から圧力を加えられると，深く考えているがゆえにそれは性差別だと疑義を呈する人もいれば，トランス女性がゆえに女はこうあるべしという価値観に同意し，まさに自分は女性だと認識するという人もいるだろう。そして，それを自らのジェンダー・アイデンティティに反映させる者もいればさせない者もいて多様なため，シスジェンダーのように一定の関連として見いだせるほど単純なものではないのだろう。

分かりやすい男女二分法的発想をもつことがシスジェンダーのジェンダー・アイデンティティに寄与する一方で，トランスジェンダー当事者の場合は，そういったステレオタイプな価値観に絡めとられない形でジェンダー・アイデンティティを形成していることが示唆されると思われる。

（2）　典型的性役割の呈示とジェンダー・アイデンティティ

性役割ステレオタイプへの同調という価値観レベルでは，ジェンダー・アイデンティティとの関連は見いだせなかったが，性役割はさまざまなレベルで存在している。それでは，典型的性役割を呈示することはジェンダー・アイデンティティに関連するのであろうか。以下に検討した。

方　法
●協力者
2006年12月〜2009年8月に精神科，産婦人科などで直接主治医から手渡してもらい協力をしてくれた人達と，2003年時に再度の協力を了承してくれた人へ

表19 「典型的性役割の呈示」として使用した10項目

今，使っている名前は性自認に典型的な名前である。
性自認に典型的な服装で外出している。
性自認に典型的な服装をしている。
性自認に典型的な下着をはいている。
性自認に典型的な髪型をしている。
性自認に典型的な物を持ち歩いている。
性自認に典型的な言葉遣いをしている。
性自認の性別に見えるような化粧をしている。
性自認に典型的な雑誌やマンガをよく読む。
習慣的に性自認に典型的とされる仕事を進んでやるようにしている。

郵送をして協力を得られた人たちとを混合して分析をした。

　トランス女性150名（平均年齢38.4歳，SD11.8），トランス男性272名（平均年齢28.1歳，SD7.2）であった。

●使用尺度と調査内容

① 典型的性役割呈示

　典型的性役割の呈示を測定するために，質問紙によって291名のトランスジェンダー当事者に対し「あなたの性自認を支えるのに何が役に立っていますか，思いつくものをいくつでも自由に記述してください」と回答を求めた。その記述について KJ 法にて分類して質問項目化した。したがってこれら項目群は，トランスジェンダー当事者自身が考えるジェンダー・アイデンティティに寄与する要因だといえる。この中で，「典型的性役割呈示」に相当する項目を分析対象とした。全10項目，評定は7件法である。

　使用した10項目を表19に示す。

② 第3章1節(2)で作成されたジェンダー・アイデンティティ尺度（Gender Identity Scale: GIS）

結　果

　10項目についてトランス女性とトランス男性で多母集団分析を行ったが，RMSEA による適合度指標が0.1を超えてしまったのでトランス女性とトラン

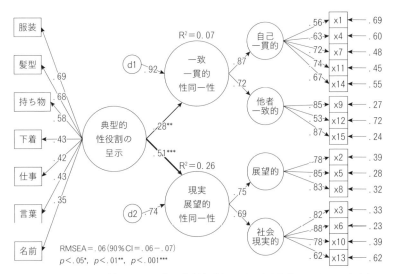

図 9　トランス男性における典型的性役割呈示を説明変数としたパス解析

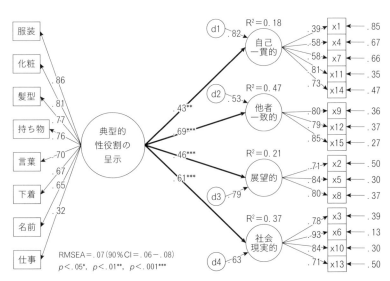

図10　トランス女性における典型的性役割呈示を説明変数としたパス解析

ス男性では因子構造が異なることが予測された。そこで以下は群別にして分析をした。同様に，「性自認に典型的な服装で外出している」，「性自認に典型的な服装をしている」という2項目を入れて因子分析をすると，適合度が0.1を越してしまうので，この2つはほぼ同じことを測定しているとみなし平均値を合成変数として扱うことにした。

9項目について，トランス男性とトランス女性とでそれぞれ主成分分析を行い，因子負荷量の低い項目について確認したあと，最尤法による因子分析を行った。その結果，両群ともに「性自認に典型的な雑誌や漫画をよく読む（トランス女性：.18/トランス男性：−.12)」が低く，またトランス男性においては，「性自認の性別に典型的にみえるような化粧をしている（.01）」が低かったため，項目から削除した。

次に，トランス男性においては8項目を説明変数，ジェンダー・アイデンティティ尺度を基準変数としてパス解析を行った結果を図9に示す。4因子の誤差の表記は割愛した。同様にトランス女性においても9項目を説明変数としたパス解析をしたが，ジェンダー・アイデンティティの高次因子（一致一貫的性同一性と現実展望的性同一性）を外生変数とすると，低次2因子のうち2つの潜在変数（他者一致的性同一性と社会現実的性同一性）が負の分散・誤差となり，相関が1以上になってしまったため，トランス女性に関しては4因子モデルでパス解析を行うことにした。結果を図10に示す。

考　察

モデル適合については，RMSEA がトランス男性では0.06，トランス女性が0.07であった。「一般的には，0.05以下であれば良好，0.1以上であれば NG，0.05〜0.1の間はグレーゾーンと判断される」（小島，2005）といわれているため，悪くはないがグレーゾーンのモデルであると考えられる。

典型的性役割を呈示することは，トランス女性とトランス男性とでジェンダー・アイデンティティの異なる側面に寄与していた。トランス男性の決定係数（R^2）をみると一致一貫的性同一性で0.07となっており，ほぼ典型的性役割が寄与していない。しかし社会展望的性同一性については0.26であり若干の説明

力がある。つまり，トランス男性が典型的性役割を呈示するということは，自己の性別の一貫性や他者との一致感を強めるものではなく，より広い"社会"という文脈において意味をなすものであるようである。

　一方，トランス女性では高次因子モデルの適合度が悪く，４因子モデルとして扱う必要が生じた。これは，トランス女性の場合，他者や社会という，自分側ではない性同一性の側面に典型的性役割呈示の高い寄与が認められたため，この２つの因子間相関が高くなってしまい，高次因子として扱えなくなったためである。因子負荷量を見ても，「習慣的に性自認に典型的とされる仕事を進んでやるようにしている」という項目は低かったが，それ以外は軒並み.65以上であり，トランス男性と比較すると典型的性役割の呈示という潜在変数のまとまりが安定している。さらに，４因子すべてに.20程度以上の説明率があり，トランス女性にとって典型的性役割を呈示することがジェンダー・アイデンティティの各側面に影響を及ぼしていることがうかがえた。

　これは典型的性役割の意味合いの違いを示唆するものではないかと考えられる。ここでは「性役割の典型性の画一さ」と「性役割のスティグマ」という２点から考えたい。まず，「性役割の典型性の画一さ」とは，外見的性役割の典型性が男性役割よりも女性役割のほうでより画一的であり，「これが男性に典型」というものをトランス男性は示しにくいため，寄与しにくいということが考えられる。逆に，トランス女性は女性典型性が画一的であるために示しやすく，よりジェンダー・アイデンティティに寄与しやすいということである。「性役割のスティグマ」とは，女性が男性の典型的性役割を呈示することよりも，男性が女性の典型的性役割を呈示することのほうが心理的負荷が大きいため（スティグマが大きい），その心理的負荷を越えて化粧をしたり女性的な服装をしているトランス女性は，していないトランス女性よりもジェンダー・アイデンティティが高くなるというということが考えられる。

　以上の結果から，価値観レベルの性役割ではなく，外見レベルで典型的な性役割を呈示することが，ジェンダー・アイデンティティに寄与していた。

4 性的指向の諸側面

　性的指向は，しばしば性同一性と混在して捉えられてきた。性的指向とは，恋愛や性愛の対象となる性別のことである。第3章1節（1）「ジェンダー・アイデンティティと性的指向」で記述したように，性的指向と性同一性は独立した概念である。つまり，トランスジェンダー当事者には，割り当てられた性別と同じ性別に惹かれる人もいれば，違う性別に惹かれる人もいる。では，そうした性的指向の違いは，性同一性の強さを異ならせる要因なのだろうか。以下に検討をした。

　その前に，まずはトランスジェンダー当事者の性的指向の全体的傾向について記述し，その後，性的指向そしてパートナーの有無によってジェンダー・アイデンティティの得点に差があるのかについて検討する。さらに，性的指向にはどの程度変動が見られるのか，その性的指向の変動と身体治療には関連があるのかを明らかにしていく。

（1）　性的指向とジェンダー・アイデンティティ

方　法
●協力者
　2006年12月～2009年8月に精神科，産婦人科などで直接主治医から手渡してもらい，協力をしてくれた人達と，2003年時に再度の協力を了承してくれた人へ郵送をして協力を得られた人たちとを混合して分析をした。

　トランス女性164名，トランス男性288名（計452名）である。平均年齢は，トランス女性が38.4歳（SD12.2），トランス男性が28.2歳（SD7.4）。

●使用尺度と調査内容
① 第3章1節（2）で作成されたジェンダー・アイデンティティ尺度（Gender

Identity Scale: GIS)

②性的指向の心理的測定を開拓した Kinsey の Kinsey scale（1948）を拡張させたのが，Klein Sexual Orientation Grid（1978 河野訳 1997）である。この尺度は，過去・現在・未来において，「性的魅力」・「性行為」・「性的空想」など領域ごとに性的指向を設定して質問することに特徴があり，その人の詳細な性的指向性を捉えようとする。この Klein による Klein Sexual Orientation Grid を邦訳し⁷⁾，さらにトランスジェンダー当事者にとって回答しやすく改変した。この尺度は，過去および現在そして未来について，「対象となる性別」を（1．女性だけ，2．ほぼ女性，3．女性の方がやや多い，4．女性・男性同じくらい，5．男性の方がやや多い，6．ほぼ男性，7．男性だけ，8．Xジェンダー，9．分からない，10．経験がない）と6領域について尋ねている。性的指向の6領域とは，1）性的魅力，2）性行為（セックス），3）性的空想（ファンタジー），4）恋愛感情，5）愛情，6）仲の良さ，である。

結　果

① トランスジェンダー当事者の過去と現在の性的指向の全体的傾向

　過去と現在の性的指向の全体的傾向を**表20**に示す。トランス女性の場合，性的指向性は均衡に割れるといわれるが，「過去」の結果は，そうであったが，「現在」では，空想・恋愛感情の各領域において，半数程度が男性に性的指向をもつと回答していた。特徴的なのは，愛情を抱く相手であり，トランス男性がほぼ女性・女性だけと回答した人が7割を超えているのに対し，トランス女性では，女性にも男性にも愛情を抱くと回答した人が4割を超えていた。

② 性的指向のカテゴリ化

　Klein Sexual Orientation Grid の「現在」の性的指向について主成分分析をした。結果を**表21**に示す。

　因子負荷量が .80以上である上位3つの項目は，より性的指向を先鋭的に捉えることができると考えられ，この3つの項目の平均値から，1～2点については女性的指向，3～5点については両性的指向，6～7点については男性的指向とカテゴリカルデータに置換した。また，過去・現在・未来で回答して

もらっているが，現在のジェンダー・アイデンティティとの関連を見るため，「現在」のデータで分類した。

表20a　トランス男性における過去と現在の性的指向

性的魅力を感じる相手	過去		現在	
女性だけ	195	67.9%	215	74.9%
ほぼ女性	44	15.3%	33	11.5%
女性のほうがやや多い	10	3.5%	13	4.5%
女性男性同じくらい	18	6.3%	11	3.8%
男性のほうがやや多い	4	1.4%	2	0.7%
ほぼ男性	6	2.1%	7	2.4%
男性だけ	4	1.4%	3	1.0%
X	0	0.0%	1	0.3%
分からない	4	1.4%	1	0.3%
経験がない	2	0.7%	1	0.3%

恋愛感情を抱く相手	過去		現在	
女性だけ	214	74.8%	246	86.0%
ほぼ女性	30	10.5%	14	4.9%
女性のほうがやや多い	7	2.4%	3	1.0%
女性男性同じくらい	14	4.9%	6	2.1%
男性のほうがやや多い	6	2.1%	1	0.3%
ほぼ男性	5	1.7%	6	2.1%
男性だけ	4	1.4%	3	1.0%
X	0	0.0%	1	0.3%
分からない	2	0.7%	4	1.4%
経験がない	4	1.4%	2	0.7%

セックスの相手	過去		現在	
女性だけ	180	63.2%	227	79.4%
ほぼ女性	30	10.5%	8	2.8%
女性のほうがやや多い	4	1.4%	0	0.0%
女性男性同じくらい	9	3.2%	2	0.7%
男性のほうがやや多い	2	0.7%	2	0.7%
ほぼ男性	5	1.8%	1	0.3%
男性だけ	16	5.6%	6	2.1%
X	1	0.4%	0	0.0%
分からない	0	0.0%	0	0.0%
経験がない	38	13.3%	40	14.0%

愛情を抱く相手	過去		現在	
女性だけ	176	61.3%	186	64.8%
ほぼ女性	25	8.7%	22	7.7%
女性のほうがやや多い	23	8.0%	20	7.0%
女性男性同じくらい	39	13.6%	40	13.9%
男性のほうがやや多い	1	0.3%	4	1.4%
ほぼ男性	5	1.7%	4	1.4%
男性だけ	3	1.0%	0	0.3%
X	0	4.9%	1	3.1%
分からない	14	1.0%	9	0.3%
経験がない	3	1.0%	1	0.3%

性的空想の相手	過去		現在	
女性だけ	216	75.5%	224	78.3%
ほぼ女性	31	10.8%	28	9.8%
女性のほうがやや多い	7	2.4%	3	1.0%
女性男性同じくらい	14	4.9%	14	4.9%
男性のほうがやや多い	3	1.0%	6	2.1%
ほぼ男性	4	1.4%	6	2.1%
男性だけ	5	1.7%	4	1.4%
X	1	0.3%	0	0.0%
分からない	3	1.0%	1	0.3%
経験がない	2	0.7%	0	0.0%

仲良くしている相手	過去		現在	
女性だけ	33	11.5%	16	5.6%
ほぼ女性	77	26.8%	50	17.5%
女性のほうがやや多い	71	24.7%	63	22.0%
女性男性同じくらい	75	26.1%	101	35.3%
男性のほうがやや多い	15	5.2%	26	9.1%
ほぼ男性	11	3.8%	21	7.3%
男性だけ	1	0.3%	4	1.4%
X	0	0.0%	3	1.0%
分からない	2	0.7%	2	0.7%
経験がない	2	0.7%	0	0.0%

表20b　トランス女性における過去と現在の性的指向

性的魅力を感じる相手	過去		現在	
女性だけ	31	19.4%	14	8.8%
ほぼ女性	16	10.0%	14	8.8%
女性のほうがやや多い	14	8.8%	5	3.1%
女性男性同じくらい	24	15.0%	28	17.6%
男性のほうがやや多い	10	6.3%	12	7.5%
ほぼ男性	18	11.3%	18	11.3%
男性だけ	28	17.5%	50	31.4%
X	3	1.9%	3	1.9%
分からない	6	3.8%	12	7.5%
経験がない	10	6.3%	3	1.9%

恋愛感情を抱く相手	過去		現在	
女性だけ	31	19.5%	13	8.1%
ほぼ女性	13	8.2%	6	3.8%
女性のほうがやや多い	13	8.2%	11	6.9%
女性男性同じくらい	21	13.2%	15	9.4%
男性のほうがやや多い	11	6.9%	9	5.6%
ほぼ男性	12	7.5%	16	10.0%
男性だけ	37	23.3%	60	37.5%
X	2	1.3%	4	2.5%
分からない	7	4.4%	14	8.8%
経験がない	12	7.5%	12	7.5%

セックスの相手	過去		現在	
女性だけ	44	27.5%	12	7.5%
ほぼ女性	11	6.9%	5	3.1%
女性のほうがやや多い	7	4.4%	1	0.6%
女性男性同じくらい	9	5.6%	4	2.5%
男性のほうがやや多い	4	2.5%	5	3.1%
ほぼ男性	15	9.4%	12	7.5%
男性だけ	21	13.1%	39	24.5%
X	1	0.6%	6	3.8%
分からない	3	1.9%	9	5.7%
経験がない	45	28.1%	66	41.5%

愛情を抱く相手	過去		現在	
女性だけ	20	12.5%	9	5.6%
ほぼ女性	12	7.5%	7	4.4%
女性のほうがやや多い	12	7.5%	11	6.9%
女性男性同じくらい	48	30.0%	52	32.5%
男性のほうがやや多い	11	6.9%	6	3.8%
ほぼ男性	13	8.1%	14	8.8%
男性だけ	23	14.4%	35	21.9%
X	2	1.3%	4	2.5%
分からない	9	5.6%	16	10.0%
経験がない	10	6.3%	6	3.8%

性的空想の相手	過去		現在	
女性だけ	30	18.8%	16	10.0%
ほぼ女性	8	5.0%	6	3.8%
女性のほうがやや多い	14	8.8%	6	3.8%
女性男性同じくらい	24	15.0%	18	11.3%
男性のほうがやや多い	8	5.0%	9	5.6%
ほぼ男性	16	10.0%	25	15.6%
男性だけ	41	25.6%	54	33.8%
X	4	2.5%	2	1.3%
分からない	10	6.3%	15	9.4%
経験がない	5	3.1%	9	5.6%

仲良くしている相手	過去		現在	
女性だけ	14	8.8%	15	9.4%
ほぼ女性	12	7.5%	30	18.8%
女性のほうがやや多い	21	13.1%	27	16.9%
女性男性同じくらい	54	33.8%	57	35.6%
男性のほうがやや多い	23	14.4%	11	6.9%
ほぼ男性	22	13.8%	10	6.3%
男性だけ	10	6.3%	3	1.9%
X	2	1.3%	5	3.1%
分からない	0	0.0%	1	0.6%
経験がない	2	1.3%	1	0.6%

表21　Klein Sexual Orientation Grid の主成分分析の結果

トランス女性		トランス男性	
恋愛感情	.859	性的魅力	.891
性的空想	.818	恋愛感情	.877
性的魅力	.816	性的空想	.855
愛情	.784	セックス	.720
セックス	.570	愛情	.583
仲良し	.277	仲良し	.159

表22 性的指向別ジェンダー・アイデンティティ得点平均値

トランス女性	自己一貫的性同一性	他者一致的性同一性	展望的性同一性	社会現実的性同一性	性同一性
女性指向(N=15)	16.13(6.38)	8.47(4.39)	16.00(3.68)	18.40(5.40)	57.80(15.52)
両性指向(N=25)	20.00(6.00)	11.12(4.82)	16.16(2.51)	19.00(3.97)	65.84(14.14)
男性指向(N=65)	22.40(6.46)	13.48(2.18)	18.95(2.18)	22.88(4.11)	76.92(13.56)
分散分析	$F(2,102)=6.30$	$F(2,102)=6.24$	$F(2,102)=15.98$	$F(2,102)=11.48$	$F(2,102)=14.14$
多重比較(Tukey)	女性指向<男性指向***	女性指向<男性指向***	女性指向<男性指向***両性指向<男性指向***	女性指向<男性指向***両性指向<男性指向***	女性指向<男性指向***両性指向<男性指向***

( ) 内はSD
***p<.001

トランス男性	自己一貫的性同一性	他者一致的性同一性	展望的性同一性	社会現実的性同一性	性同一性
女性指向(N=239)	24.15(6.65)	13.66(4.99)	18.45(2.72)	21.20(5.04)	77.46(14.36)
両性指向(N=12)	24.42(7.09)	13.91(4.85)	17.42(3.90)	22.42(5.81)	78.17(16.85)
男性指向(N=5)	26.20(4.71)	14.20(5.40)	17.00(2.24)	24.40(2.07)	81.80(9.88)
分散分析	$F(2,253)=.24$	$F(2,253)=.04$	$F(2,253)=1.42$	$F(2,253)=1.29$	$F(2,253)=.23$
多重比較(Tukey)	n.s	n.s	n.s	n.s	n.s

( ) 内はSD

③ カテゴリ化した性的指向別ジェンダー・アイデンティティ得点

　性的指向によってジェンダー・アイデンティティ得点に違いがあるのか否か, 一元配置の分散分析を行った。なお, 性的指向各群の等分散性の検定をしたところ, 有意ではなく等分散は確認された。

　分散分析の結果, トランス女性では全因子で主効果が認められたがトランス男性ではどの因子についても有意な差はなかった。多重比較の結果, トランス女性では, 男性指向は女性指向よりもジェンダー・アイデンティティが有意に高かった。また, 展望的性同一性と社会現実的性同一性については, 両性指向よりも男性指向のほうが有意に高かった。結果を**表22**に示す。

考　察

　トランス女性とトランス男性の性的指向については, 性同一性の性別からみ

て異性に性的魅力を感じる比率が異なることが指摘されている（De Cuypere et al., 2005; Okabe et al., 2008）。本研究においても，同様の結果であり，トランス男性は圧倒的に女性に性的魅力を感じる人が多い（86.4%："女性だけ"と"ほぼ女性"の合計）のに対し，トランス女性で男性に魅力を感じていたのは，42.8%（"男性だけ"と"ほぼ男性"の合計）であった。

　そして性的指向は，トランス女性において，ジェンダー・アイデンティティの強さに違いをもたらしていた。レズビアン・バイセクシュアル指向をもつトランス女性は，男性に性的指向をむけるトランス女性よりも女性アイデンティティが低かった。身体治療前に男性指向を示すトランス女性は，女性への性的指向や両性への性的指向を示すトランス女性よりも予後が好ましい（Cohen-Kettenis & Pfäfflin, 2003）といわれてきたので，本研究もそれを支持する結果である。一方で，ゲイ・バイセクシュアル指向をもつトランス男性は，男性アイデンティティが低いということはなかった。

　これまで，シスジェンダーのレズビアン女性やゲイ男性のジェンダー・アイデンティティを検討した研究はないため比較することはできないが，性的指向と女性アイデンティティとには関連があることが示された。性に関する対象の性別が女性アイデンティティには関連し，男性アイデンティティには関連しないという非対称性については，以下の理由が考えられる。

　トランス女性にとって，性的な対象として女性に魅力を感じることは，「女性である自分」と「相手の女性」との女性としての違いを感じる経験でもある。自分は女性ではあるものの，生まれながらにして女性としての身体をもち，女性としての歴史を背負ってきた女性とは異なる女性であることを感じることによって，女性への同一化が阻まれる可能性が考えられる。あるいは，魅力を感じた相手の女性が異性愛者であるという可能性もある。この場合，その女性はトランス女性に対して男性であることを期待するため，女性アイデンティティがもちにくくなるかもしれない。

　一方，トランス男性の場合，ゲイ・バイセクシュアル指向のトランス男性と女性に性的指向をむけるトランス男性のジェンダー・アイデンティティ得点は，傾向としても同値であることから，トランス女性のような状態はあまり起こら

ないようである。これは，ゲイ・バイセクシュアル指向のトランス男性は，異性愛者の男性を対象とするのではなくゲイ・バイセクシュアル指向の男性を対象とするために，女性であることを期待されず，男性であることを受け入れられるからかもしれない。あるいは男性に性的魅力を感じることで，違いではなく同類性を感じるからかもしれない。このことは，第3章3節（2）「結果」で述べたように，典型的性役割の画一性が男性は女性ほどに強くないことと関連していることも推察される。つまり，基準が画一的ではないからこそ，"男性であること"の基準が緩いため，「男性としての自分」と「対象となる男性」との差異に敏感にならず，同類として認識しやすいのかもしれない。ただし，等分散性が棄却されなかったものの，対象となるゲイ指向のトランス男性がたった5名であったため，データの代表性としての妥当性には欠けることを考慮しなくてはならない。

（2）　恋人・パートナーからの受容とジェンダー・アイデンティティ

　では，恋人やパートナーから受容されているトランスジェンダーは，ジェンダー・アイデンティティが高いのであろうか。恋人やパートナーがいるからこそ，ジェンダー・アイデンティティが高まることも予想される。そこで，恋人やパートナーがいるということ，またその人から受容されていることを変数にして検討をした。

方　法
●協力者
　2006年12月～2009年8月に精神科，産婦人科などで直接主治医から手渡してもらい，協力をしてくれた人達と，2003年時に再度の協力を了承してくれた人へ郵送をして協力を得られた人たちとを混合して分析をした。
　トランス女性133名（平均年齢38.5，SD11.8），トランス男性245名（平均年齢28.1，SD7.2）

●使用尺度と調査内容

① 第3章1節（2）で作成されたジェンダー・アイデンティティ尺度（Gender Identity Scale: GIS）

② 恋人・パートナーからの受容

　恋人・パートナーからの受容としては，3変数を使用した。「恋人・パートナーを愛している」，「恋人・パートナーに愛されている」，「恋人・パートナーは，自分の性自認を受け入れてくれる」について，「まったくあてはまらない～非常にあてはまる」の7件法で回答してもらった。その3変数の平均値について，1～3点を「非受容群」，5～7点を「受容群」とした。なお，4点は，「どちらともいえない」ということを示しているため，6名いたが「受容群」とも「非受容群」とも群分けできないとして分析からは除外した。また，恋人・パートナーがいない場合は，「無群」とした。

結　果

　「無群」，「受容群」，「非受容群」の人数をそれぞれ出したところ，トランス男性においては，「非受容群」が3名であり，統計的分析には耐えられないとしてトランス男性では「受容群」と「無群」のみを分析対象とした。

　各群を独立変数，ジェンダー・アイデンティティ得点を従属変数とした一元配置の分散分析をした。結果を表23に示す。

　トランス女性においては，自己一貫的性同一性と他者一致的性同一性に関して，パートナー非受容群がその他の群よりも有意に得点が低かった。トランス男性では，展望的性同一性のみ，受容的パートナー有群が有意に高かった（F$(1, 240) = 10.12$，$p < .001$）。しかし，トランス男性の展望的性同一性については等分散性が棄却されたため，等分散性を仮定しないt検定を行い，それでも有意な結果なのか否かを検討した。その結果，$t = -2.99$（$df = 157.7$）であり，1％水準で有意であった。その他の因子については有意差はなく，パートナーがいない群は，受容するパートナーがいる群と差がなかった。

考　察

　パートナーから受容されていないトランス女性は，パートナーから受容され

表23　恋人・パートナーとの関係別ジェンダー・アイデンティティ得点平均値

トランス女性	N	自己一貫的性同一性	他者一致的性同一性	展望的性同一性	社会現実的性同一性
パートナー非受容群	15	16.57 (7.48)	9.27 (3.94)	16.87 (3.64)	18.33 (6.47)
パートナー無群	56	20.91 (6.04)	12.95 (5.29)	17.54 (2.88)	19.50 (5.36)
パートナー受容群	62	21.89 (6.08)	12.85 (5.37)	17.65 (3.08)	21.23 (5.52)
分散分析		$F(2,130)=4.69$	$F(2,130)=3.25$	$F(2,130)=.39$	$F(2,130)=2.34$
多重比較(Tukey)		非受容群＜無　群* 非受容群＜受容群*	非受容群＜無　群* 非受容群＜受容群*	n.s	n.s

トランス男性	N	自己一貫的性同一性	他者一致的性同一性	展望的性同一性	社会現実的性同一性
パートナー無群	92	23.39 (7.16)	13.73 (4.99)	17.68 (3.19)	20.67 (5.41)
パートナー受容群	150	24.90 (6.35)	13.88 (4.97)	18.85 (2.48)	21.88 (4.87)
分散分析 or t検定		$F(1,240)=2.95$	$F(1,240)=.58$	$t(1,157.7)=-2.99**$	$F(1,240)=3.20$

（　）内は SD
*$p<.05$，**$p<.01$
トランス男性の「展望的性同一性」については等分散性が棄却されたため等分散を仮定しない t 検定の結果

ていたり，パートナーがいないトランス女性よりも，自己一貫的性同一性と他者一致的性同一性が低かった。パートナーから受容をされていないトランス女性は，パートナーがいなかったり受容されているトランス女性よりも自分の中での性別の一貫性や，他者との一致感が低くなるようである。一方，パートナーがいないトランス女性とパートナーに受容されているトランス女性とでは，ジェンダー・アイデンティティに有意差はなかったため，非受容なパートナーはジェンダー・アイデンティティを低くする要因となる可能性があるが，パートナーの有無はジェンダー・アイデンティティと関係がないといえる。

　一方，トランス男性の場合，展望的性同一性に関してのみ，パートナーに受容されている群はパートナーがいない群よりも有意に高かった。第3章1節（2）「結果」で明らかになったように，トランス男性は統制群女性よりも統制群男性よりも，展望的性同一性が高かった。このことは，自分が男性であるということを意識せざるを得ない状態にあり，シスジェンダー以上にありたい姿

への意識が明確なのではないかと考察された。本結果から，こうした傾向は，特に受容的なパートナーがいることによって促進されるのではないかと思われる。パートナーの存在が，男性としてこうありたいという目的意識を高めるということが示唆された。トランス女性においては，受容的なパートナーがいる群とパートナーがいない群とで女性としてありたい姿が明確になるという得点に差がなかった。これは，受容してくれているパートナーの性別が女性であるケースが多いためかもしれないことが考えられうる。

（3） 性的指向の個人内変動性

第3章4節（1）で使用した性的指向の心理的測定尺度である Klein Sexual Orientation Grid（1978）を使用し，特に過去と現在に焦点を当て，以下の2つについて検討をする。① どれくらいの割合で性的指向の個人内変動があったのか，② 変動のあった人は，ホルモン療法や性別適合手術をした人が多いのか，である。

性的指向の個人内変動者の割合
過去と現在においてどれくらいの割合で性的指向の変動が見られるのかについて検討した。表24にその割合について示す。得点は 1 —女性だけ，2 —ほぼ女性，3 —女性のほうがやや多い，4 —女性・男性同じくらい，5 —男性のほうがやや多い，6 —ほぼ男性，7 —男性だけ，8 — X，9 —わからない，10 —経験がない，としているため，「変動あり」としたのは，1点以上の変化があった者である。ただし，1から2（またはその逆），6から7（またはその逆），9から10（またはその逆）に関しては，「変動があった」とみなしにくいと考えられたため，これらケースについては「変動なし」と判断した。

合計人数が協力者合計数と異なるのは，無回答の人や，「わからない」，「経験がない」などの回答があるためである。

主成分分析の結果から見るように，「仲良くしている性別」に関しては，極端に寄与率が低いため，それ以外の領域について特にみていくことにする。

表24　過去と現在で性的指向の変動が見られた人数と割合
（上：トランス男性，下：トランス女性）

魅力	変動あり	変動なし	合計	変動あり%	変動なし%	恋愛	変動あり	変動なし	合計	変動あり%	変動なし%
女性	12	226	238	5.0%	95.0%	女性	2	242	244	0.8%	99.2%
男性	4	6	10	40.0%	60.0%	男性	3	5	8	37.5%	62.5%
両性	23	9	32	71.9%	28.1%	両性	19	4	23	82.6%	17.4%
total	39	241	280	13.9%	86.1%	total	24	251	275	8.7%	91.3%

行為	変動あり	変動なし	合計	変動あり%	変動なし%	愛情	変動あり	変動なし	合計	変動あり%	変動なし%
女性	1	205	206	0.5%	99.5%	女性	7	192	199	3.5%	96.5%
男性	13	3	16	81.2%	18.8%	男性	1	4	5	20.0%	80.0%
両性	14	1	15	93.3%	6.7%	両性	20	43	63	31.7%	68.3%
total	28	209	237	11.8%	88.2%	total	28	239	267	10.5%	89.5%

空想	変動あり	変動なし	合計	変動あり%	変動なし%	仲良	変動あり	変動なし	合計	変動あり%	変動なし%
女性	10	236	246	4.1%	95.9%	女性	57	50	107	53.3%	46.7%
男性	2	7	9	22.2%	77.8%	男性	8	4	12	66.7%	33.3%
両性	17	7	24	70.8%	29.2%	両性	84	75	159	52.8%	47.2%
total	29	250	279	10.4%	89.6%	total	149	129	278	53.6%	46.4%

魅力	変動あり	変動なし	合計	変動あり%	変動なし%	恋愛	変動あり	変動なし	合計	変動あり%	変動なし%
男性	10	36	46	21.7%	78.3%	男性	1	48	49	2.0%	98.0%
女性	19	24	43	44.2%	55.8%	女性	16	17	33	48.5%	51.5%
両性	35	9	44	79.5%	20.5%	両性	29	11	40	72.5%	27.5%
total	64	69	133	48.1%	51.9%	total	46	76	122	37.7%	62.3%

行為	変動あり	変動なし	合計	変動あり%	変動なし%	愛情	変動あり	変動なし	合計	変動あり%	変動なし%
男性	0	32	32	0.0%	100.0%	男性	2	34	36	5.6%	94.4%
女性	11	15	26	42.3%	57.7%	女性	10	15	25	40.0%	60.0%
両性	8	1	9	88.9%	11.1%	両性	26	43	69	37.7%	62.3%
total	19	48	67	28.4%	71.6%	total	38	92	130	29.2%	70.8%

空想	変動あり	変動なし	合計	変動あり%	変動なし%	仲良	変動あり	変動なし	合計	変動あり%	変動なし%
男性	6	48	54	11.1%	88.9%	男性	22	9	31	71.0%	29.0%
女性	12	21	33	36.4%	63.6%	女性	3	22	25	12.0%	88.0%
両性	29	11	40	72.5%	27.5%	両性	41	55	96	42.7%	57.3%
total	47	80	127	37.0%	63.0%	total	66	86	152	43.4%	56.6%

　女性に性的指向をもっていたトランス男性においては，95％以上の人たちに性的指向の変動はみられなかった。一方で，男性に性的指向をもっていたトランス男性では，変動が見られる領域が有り，特に81.2％という高率で，セックスの相手（行為）の性別が男性から女性へと変動している。しかし性的魅力を感じる相手の性別や性的な空想（ファンタジー）を抱く相手の性別となると40％以下しか変動がみられない。おそらくセックスに関していえば，性的魅力

を感じていなくても男性とセックスだけはしてみており，そして現在では男性とはすることはないという人たちが相当数を占めるということなのだろう。このことは，もともと両性に性的指向をもっていたトランス男性とは異なる傾向である。すなわち，両性に性的指向をもつトランス男性もまた，そのほとんど（93.3％）でセックスの相手の性別が変動するが，同時に性的な空想を抱く相手の性別や，性的魅力や恋愛感情を抱く相手の性別もまた，7割以上の人たちで変動するのである。

　男性に性的魅力を感じていたトランス女性においては，78.3％以上の人たちに性的指向の変動はみられなかった。一方で，女性に性的魅力を感じていたトランス女性で変動を経験していたのは，半数以下であった。もっとも性的指向に変動が見られたのは，両性に性的指向を向けていたトランス女性である。セックスに関しては，88.9％が性的指向の変動を経験していた。元々は女性とも男性ともセックスをしていた人たちが，その後，男性としかしなくなっていくという傾向が見られるのである。

性的指向の変動とホルモン療法・性別適合手術との関連

　身体治療と性的指向に関連があるのか否かを検討するため，ホルモン療法や性別適合手術を実施している人が，していない人よりも，性的指向の変動者が多いのか否かχ二乗検定を行った。表25に結果をしめす。

　ホルモン療法については，トランス女性のセックス（性行為）のみ有意であった（$\chi^2(1) = 8.76$，$p < .01$）。人数の内訳については，表26に示す。ホルモン療法をしていないトランス女性では22.2％しか性的指向に変動が見られなかったのに対し，ホルモン療法をしているトランス女性においては55.4％が変動をしていた。

　しかし，その他の性的指向の側面に関しては有意差は認められなかった。つまり，性的魅力や性的空想の変動はホルモン療法と関連がなく，性行為のみ関連が認められたということである。ホルモン療法をすることと性的な魅力や恋愛感情の対象となる性別の揺らぎとには関連はないが，性行為（セックス）に関しては，関連があるということである。これは，これまで対象としていなか

表25　性的指向の変動と身体治療との関連

ホルモン	トランス男性		トランス女性		SRS	トランス男性		トランス女性	
	$\chi^2(1)$	p	$\chi^2(1)$	p		$\chi^2(1)$	p	$\chi^2(1)$	p
性的魅力	0.00	ns	3.15	ns	性的魅力	0.12	ns	0.03	ns
性行為	0.75	ns	8.76	**	性行為	0.75	ns	4.44	*
性的空想	0.68	ns	3.09	ns	性的空想	0.27	ns	0.07	ns
恋愛感情	1.45	ns	1.46	ns	恋愛感情	1.02	ns	0.12	ns
愛情	3.00	ns	2.43	ns	愛情	1.39	ns	0.25	ns
仲の良さ	0.14	ns	2.17	ns	仲の良さ	0.24	ns	0.07	ns

p＜.01＊＊　　　　　　　　　　　　　　　　p＜.05＊

表26　トランス女性における性的指向の変動
とホルモン療法との関連

ホルモン	トランス女性（性行為）	
	変動あり	変動なし
既	55.4%	44.6%
	41	33
未	22.2%	77.8%
	6	21

（単位：人）

った性別の人からセックスを求められる，あるいは自らセックスを求めるといった環境的変化に恵まれるようになり性行為を経験するようになる層がいるということが推察されるかもしれない。これまでも事例レベルではあるが，6名中5名の女性指向だったトランス女性がホルモン療法により男性との性的な出会いをもつようになったという報告（Daskalos, 1998）もある。

　トランス女性においては，ホルモン療法だけではなく，SRSと性行為の性的指向の関連においても有意であった（$\chi^2(1)=4.44$，p＜.05）。しかし，ホルモン療法と性的指向の変動のときとは様相が異なり，SRSをしていないトランス女性では38.2%が性的指向に変動が見られたのに対し，SRSをしているトランス女性においては18.6%しか変動をしていなかった（表27）。つまりSRSをしていない人はしている人に比べ，有意に性的指向が変動しているということになる。性的指向の変動は，SRSではなくホルモン療法と関連があ

表27　トランス女性における性的指向の変動
　　　と SRS（性別適合手術）との関連

SRS	トランス女性（性行為）	
	変動あり	変動なし
既	18.6%	81.4%
	8	35
未	38.2%	61.8%
	21	34

（単位：人）

るということなのであろう。SRS をしていない人たちのうち38.2％が変動しているという結果と，ホルモン療法を実施した人のうち55.4％が変動しているという結果を合わせて解釈をすると，ホルモン療法は実施していて SRS は実施していない層の人たちが，これまでの性的指向とは違う性別を相手に性行為を行うようになっているということがいえるのではないかと推察される。性行為の性的指向の変動が見られたのは，もともとは男性に性的指向を向けていなかった人たちである。すなわち，これらの結果を総合すると，ホルモン療法を実施した，男性に性的指向を向けていなかったトランス女性の半数以上が，男性との性行為を経験するようになったということがいえるのではないかと考えられる。しかし，性的魅力や恋愛感情など，他の性的指向の領域ではそうした傾向は見られず，あくまでも性行為のみの変動である。

　以上のように，性的指向と身体治療は，トランス女性においてのみ関連が見られ，それも性行為のみに関連していたことが示唆された。この結果は，過去を回想してもらう形式であるため，因果を反映していない可能性がある。今後は回想バイアスを除去するため，縦断で収集したデータによる検討が望まれるだろう。

5　他者や社会からの受容と　　ジェンダー・アイデンティティの関連

　次に，性的な関係のある他者ではなく，日常接する「性的対象ではない他

者」からの受容がジェンダー・アイデンティティに影響を及ぼすのか否か検討した。

方　法

●協力者

　2006年12月～2009年8月に精神科，産婦人科などで直接主治医から手渡してもらい，協力をしてくれた人達と，2003年時に再度の協力を了承してくれた人へ郵送をして協力を得られた人たちとを混合して分析をした。

　トランス女性135名（平均年齢38.6歳，SD11.2），トランス男性251名（平均年齢28.3歳，SD7.3）

●使用尺度と調査内容

① 第3章1節（2）で作成されたジェンダー・アイデンティティ尺度（Gender Identity Scale: GIS）

② 他者や社会からの受容

　他者や社会からの受容を測定するための質問項目を作成するにあたっては，第3章3節と同様の手順を行っている。質問紙によって291名のトランスジェンダー当事者に対し「あなたの性自認を支えるのに何が役に立っていますか，思いつくものをいくつでも自由に記述してください」と回答を求めた。その記述についてKJ法にて分類して質問項目化した。この項目群の中で「他者や社会の受容」に相当する項目を分析対象とした。なお，「近所の人から性自認の性別として接される」という項目については，「見知らぬ人からのパッシング[8]」の中に組み込むことが意味的に不適切であったため因子負荷量を確認したところ，「職場・学校受容」と「見知らぬ人からのパッシング」と両者にかかっており，どちらの項目ともみなすことができなかったため分析には含まないことにした。使用した項目は全11項目で，評定は7件法である。**表28**に示す。

　これら項目の各平均値を観測変数として使用した。従属変数についてもジェンダー・アイデンティティ尺度の平均値を観測変数として使用した。

表28　「他者や社会からの受容」として使用した項目

父母受容
　母親は，自分の性自認を受け入れてくれる。
　父親は，自分の性自認を受け入れてくれる。
友達受容
　女友達は，自分の性自認を受け入れてくれる。
　男友達は，自分の性自認を受け入れてくれる。
職場・学校受容
　学校や職場の雰囲気は，トランスジェンダー（性同一性障害も含む）に対してあたたかい。
　学校や職場の人は，自分の性自認を受け入れてくれる。
　性自認の性別で，職場や学校の生活を送っている。
見知らぬ人からのパッシング
　性自認の性別のほうの公衆トイレに入ると，じろじろ見られたり変な顔をされたりする（逆転項目）。
　知らない人から性自認の性別として接される。
社会の理解
　トランスジェンダー（性同一性障害も含む）の社会的理解は進んできたと思う。
　トランスジェンダー（性同一性障害も含む）に対する社会的偏見はなくなってきたと思う。

結　果

　トランス女性とトランス男性の多母集団による単純な重回帰のパス解析をしたところ，「社会の理解」のパス係数が両群ともに有意ではなかった。そこでその他の独立変数に対し「社会の理解」のパスを掛けてみたが，適合度が悪くなり（RMSEA＝0.3）採択には至らなかった。次に「社会の理解」を「ジェンダー・アイデンティティ」に回帰したところ，トランス女性のみ適合度が良好であった。トランス女性とトランス男性とでは異なるモデルを採択すべきであると判断された。

　採択されたモデルについて図11，図12に示す。

　トランス男性については，「友人受容」，「職場・学校受容」，「見知らぬ人からのパッシング」が有意であり，同程度のパス係数値であった。「父母受容」と「社会の理解」については有意ではなかった。一方トランス女性は，「父母受容」と「職場・学校受容」は有意であったが，「友人受容」と「見知らぬ人からのパッシング」は有意ではなかった。さらに「ジェンダー・アイデンティティ」から「社会の理解」へのパスが有意であった。

　なお，トランス男性の RMSEA については信頼区間も 0.00-0.00 であったが，

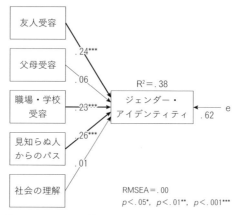

図11　トランス男性における他者受容による
ジェンダー・アイデンティティ寄与モデル

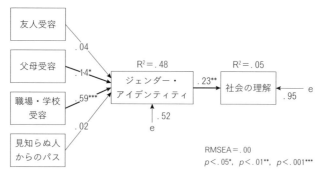

図12　トランス女性における他者受容による
ジェンダー・アイデンティティ寄与モデル

トランス女性に関しては信頼区間が0.00-0.12までであり，本データについては良好なモデルであるが母集団に対しては当てはまりはよくないかもしれない可能性がある。

考　察

　トランス男性とトランス女性とでは，ジェンダー・アイデンティティに寄与

する他者が異なる傾向があった。

　トランス男性の場合は，「友人，職場・学校の人，見知らぬ人」から男性として受け入れられていると思うと，ジェンダー・アイデンティティが高くなる傾向があった。「父母受容」や「社会の理解」については，それぞれをジェンダー・アイデンティティへ単回帰すると寄与する（佐々木，2007c）が，この2つは「友人受容」，「職場・学校受容」，「見知らぬ人からのパッシング」と相関しており，3つの変数のパスで説明されてしまうので寄与しないことが明らかとなった。

　一方トランス女性の場合は，「父母と職場・学校の人」に女性として受け入れられていると思うと，ジェンダー・アイデンティティが高くなる傾向があった。「友人受容」や「見知らぬ人からのパッシング」は，それぞれを単回帰すると寄与していた（佐々木，2007c）ものの，この2つは「父母受容」と「職場・学校受容」と相関していたため，これでジェンダー・アイデンティティのパスが説明されてしまい，寄与しなかった。パス係数の値をみると，父母は0.14に対し，職場・学校の値が0.59とかなり大きな影響力を示していることがわかる。このことはトランス女性にとっては，身近な親よりも，職場・学校という毎日の社会生活の中でどう受容されているかが鍵となるということを示唆しているといえよう。

　さらに，トランス男性においては，「社会の理解」はジェンダー・アイデンティティと関連が見出されなかったが，トランス女性の場合，「父母や職場・学校の人」に受容されてジェンダー・アイデンティティが高くなると，社会がトランスジェンダーの理解をするようになってきていると認知するようになるというパス経路が有意であった。

　トランス男性とトランス女性において対照的な傾向としては，トランス男性では父母ではなく友人が，トランス女性では友人ではなく父母が性同一性にとって重要な他者となることである。父母や友人を自己のジェンダー・アイデンティティ形成の「エネルギー備給者」として考えてみると，父母は友人よりもより長期にわたるエネルギー備給者である。一般的傾向としては，トランス女性よりもトランス男性のほうが親との関係が良好である（Kockott & Fahrner,

1988）といわれているように，トランス男性と比してトランス女性はそのエネルギー備給を蓄えていない可能性は考えられる。したがってトランス女性にとって父母の意味づけが重く，父母に受け入れられているかいないかでジェンダー・アイデンティティに影響を及ぼすのではないかと考えられる。あるいは，トランス女性が女性としてのジェンダー・アイデンティティを形成していくには，トランス男性以上に心的なエネルギーの蓄えを要するのかもしれない。

　一方トランス男性の場合，父母の受容とジェンダー・アイデンティティには関連がなく，その他の人間関係が良好であれば男性としての自己を形成していくことができ，さらには「見知らぬ人からのパッシング」というもっとも遠い他者からの受容もジェンダー・アイデンティティに寄与していた。外の世界で充足していれば充分に機能しうることを示唆している。これはもともと父母からの受け入れのよさが基盤にあるためかもしれない。あるいは，トランス女性の平均年齢はトランス男性と比較し10歳ほど高い。20代後半のトランス男性と30代後半のトランス女性とでは，父母と友人の意味づけが異なるのかもしれない。具体的には，より若年層のほうが友人からの評価が重大な意味をもつという可能性がある。

　トランスジェンダーのコミュニティでは，しばしば見知らぬ他者からいかにトランス前の性別を気づかれていないか，トランス後の性別で認識されているか否かを気にする言説が見られる。これに関して当事者の中で“pass と read”という概念が創設されるほどである。この概念を牽引してきたのは歴史的にはトランス女性でありトランス男性ではない。しかし，本結果では，トランス女性のジェンダー・アイデンティティに「見知らぬ人からのパッシング」は寄与していなかった。このことは，職場や学校での受容といった身近な他者からの受容こそが鍵となり，パッシングに拘泥することはあまり意味のないことなのかもしれない。そして，それによりジェンダー・アイデンティティが高まり，社会の理解も進んできたように感じられるようになるようだ。

　なお，「ジェンダー・アイデンティティが高まることで社会的理解も進んだという認知がもてるようになり，そのことで，見知らぬ人からパッシングされているという認知がもてる」というパスモデルを立ててみたが，これは

RMSEA が0.29となり採択されなかった。

6 ストレスコーピング・スタイルと ジェンダー・アイデンティティの関連

　ここまで，身体治療，典型的性役割，性的指向，他者からの受容と，ジェンダー・アイデンティティに関連があるといわれてきた変数を検討してきた。本項では，心理カウンセリングなど，サポート上も重要である「認知スタイル」を説明変数として検討をする。

　具体的には，ジェンダー・アイデンティティに寄与するトランスジェンダー当事者のストレスに対する対処方略（ストレス・コーピングスタイル）を明らかにすることを目的とする。また，ジェンダー・アイデンティティに影響を及ぼすコーピングスタイルは身体治療をしているトランスジェンダー当事者と治療をしていない当事者とで異なるのか否かも明らかにする。

　このように，ジェンダー・アイデンティティに影響を及ぼすコーピングスタイルを浮き彫りにすることによって，トランスジェンダー当事者に対するサポートの1つの視点を提供したい。この視点は，トランスジェンダー当事者の中の個人差に焦点を当てたために可能となるものである。すなわち，これまでの日本の臨床研究では，トランスジェンダーではなく，「性同一性障害」の当事者を一枚岩として扱い，1つの集団としてみなして群全体の適応不適応を論じていた（たとえば，児玉，2009；森ら，2004；庄野，2001；吉野ら，2008など）。しかし，実際のところ，これまで見てきたようにトランスジェンダー当事者は多様である。本研究では，多くの当事者から協力を得ることによって当事者のバリエーションを担保し，ジェンダー・アイデンティティの高い当事者特有のストレスコーピング・スタイルを見出すことによって，臨床ニーズにより応えようとしている。

方　法
●協力者
　2006年12月～2009年8月に精神科，産婦人科などで直接主治医から手渡してもらい，協力をしてくれた人達と，2003年時に再度の協力を了承してくれた人へ郵送をして協力を得られた人たちとを混合して分析をした。

　協力者は，トランス女性134名，トランス男性245名。平均年齢はトランス女性が38歳（SD10.8），トランス男性が28.13歳（SD7.2）であった。

●使用尺度と調査内容
① 第3章1節（2）で作成された「ジェンダー・アイデンティティ尺度」
②「3次元モデルにもとづく対処方略尺度」（TAC-24: 神村・海老原・佐藤・戸ヶ崎・坂野，1995）。

　ストレスに遭遇した時，① 積極的にかかわる態度か，回避しようとする態度か（関与か回避か），② 問題解決を問題とするのか，気持ちの安定を問題とするのか（問題解決か情動安定か），③ 対処法を考えるのか，行動に移すのか（認知か行動か）という3次元2タイプの組み合わせで，合計8通りの対処方略を測定する尺度である。

　8通りのコーピング方略の具体的な項目としては，"すでに経験した人から話を聞いて参考にする"といった「1．情報収集」，"原因を検討し，どのようにしていくべきか考える"といった「2．計画・立案」，"誰かに話を聞いてもらい，気を静めようとする"といった「3．カタルシス」，"悪い面ばかりでなく良い面も見つけていく"といった「4．肯定的解釈」，"対処できない問題であると考え，あきらめる"といった「5．放棄・あきらめ」，"自分は悪くないといいのがれをする"といった「6．責任転嫁」，"そのことをあまり考えないようにする"といった「7．回避的思考」，"買い物や賭け事，おしゃべりなどで時間をつぶす"といった「8．気晴らし」である。

③ ホルモン療法及び性別適合手術の実施の有無。

　ガイドライン上の性同一性障害の身体治療は，大きくホルモン療法とSRSとに分けられる。トランス男性においてはさらに乳房切除術も列記されている

が今回はトランス女性との比較を考慮し、この2つの身体治療について分析を行う。なお、SRSを実施している者はすべてホルモン療法も実施している。

結 果
●ホルモン療法の有無による寄与コーピングの違い
　ホルモン療法既治療、未治療、トランス女性、トランス男性の組み合わせから成る4群を多母集団とし、8つのストレス・コーピングスタイルについてパス解析を行った。なお、ホルモン療法既治療群には、SRSも受けている者が含まれる。飽和モデルとして4群すべてが異なるモデルを立て、そのモデルから1つひとつ制約を加えていき、全モデルについて相対的適合度指標のAIC、BIC、絶対的適合度指標であるRMSEA、SRMRの4指標を用いて比較を行い、総合的に判断してもっとも適合度指標が良いモデルを採用した。採択されたモデルは網掛けで示す（**表29**）。モデル適合表では紙幅の都合上、医療の呼び名であるMTF（トランス女性）、FTM（トランス男性）を使用する。そして、採択されたモデルで推定されたパス係数の値を**表30**に示す。

　「情報収集」と「カタルシス」については、既治療のトランス女性でのみ有意であった（.301、p＜.001；.292、p＜.001）。「気晴らし」は、既治療のトランス女性では正の方向に有意（.191、p＜.01）であったが、未治療のトランス女性では10％水準で負の方向に有意（－.325）であった。さらにトランス男性では未治療のみ正の方向に有意（.186、p＜.01）であった。

　「計画・立案」は、トランス男性の場合、ホルモン療法の有無にかかわらず寄与していたが（.158、p＜.01；.154、p＜.01）、トランス女性の場合は、していた場合にのみ寄与していた（.140、p＜.01）。また、「回避傾向」はトランス女性のみ、10％水準であるが負の方向に寄与していた（－.148；－.138）。

　「肯定的解釈」と「責任転嫁」については、4群が等値であるモデル（モデル14）が採択された。全群において有意に「肯定的解釈」は正の方向に、「責任転嫁」は負の方向に寄与していた。「放棄・あきらめ」についても同様の傾向はあったが、ホルモン療法未実施のトランス男性においては有意とはならなかった。

表29　各コーピングスタイルからジェンダー・アイデンティティへのモデル適合表（ホルモン療法）

既定：ホルモン療法

既定モデル		情報収集				計画立案				カタルシス				肯定解釈			
		AIC	BIC	RMSEA	SRMR	AIC	BIC	RMSEA	SRMR	AIC	BIC	RMSEA	SRMR	AIC	BIC	RMSEA	SRMR
飽和モデル	MTF 既≠MTF 未≠FTM 既≠FTM 未	4782.902	4829.896		0.073	4827.235	4874.262			4838.589	4885.584		0.056	4813.839	4860.865		0.031
モデル1	MTF 既＝MTF 未	4785.687	4828.765	0.202	0.068	4827.137	4870.245	0.098	0.034	4839.257	4882.335	0.134	0.067	4812.726	4855.834	0.000	0.030
モデル2	MTF 既＝FTM 既	4786.402	4829.481	0.220	0.064	4825.427	4868.535	0.000	0.012	4842.570	4885.648	0.232	0.074	4812.522	4855.630	0.000	0.005
モデル3	MTF 既＝FTM 未	4785.458	4825.536	0.196	0.018	4825.562	4868.650	0.000	0.018	4844.917	4887.995	0.281	0.074	4811.855	4854.963	0.000	0.005
モデル4	MTF 未＝FTM 既	4781.478	4824.556	0.000	0.019	4828.568	4869.676	0.060	0.028	4836.612	4879.690	0.000	0.003	4812.102	4855.210	0.000	0.015
モデル5	MTF 未＝FTM 未	4781.597	4824.675	0.000	0.003	4828.593	4871.701	0.159	0.054	4836.677	4879.755	0.000	0.008	4812.626	4855.734	0.000	0.029
モデル6	FTM 既＝FTM 未	4780.922	4824.000	0.000	0.073	4826.438	4869.546	0.047	0.034	4837.107	4880.185	0.000	0.017	4812.393	4855.500	0.000	0.028
モデル7	MTF 既＝MTF 未＝FTM 既	4783.707	4822.869	0.123	0.071	4826.339	4865.528	0.077	0.048	4837.774	4876.936	0.080	0.059	4811.280	4850.469	0.000	0.041
モデル8	MTF 既＝MTF 未＝FTM 未	4785.098	4824.260	0.150	0.066	4826.785	4865.973	0.091	0.055	4840.658	4879.820	0.148	0.068	4811.309	4850.498	0.000	0.041
モデル9	MTF 既＝FTM 既＝FTM 未	4784.034	4823.196	0.130	0.072	4824.875	4864.064	0.000	0.033	4842.939	4882.101	0.185	0.074	4810.118	4849.307	0.000	0.015
モデル10	MTF 未＝FTM 既＝FTM 未	4786.448	4825.610	0.173	0.071	4825.171	4864.359	0.000	0.036	4841.196	4880.358	0.158	0.067	4811.024	4850.213	0.000	0.035
モデル11	MTF 既＝MTF 未 / FTM 既＝FTM 未	4785.826	4824.988	0.163	0.065	4826.597	4865.786	0.086	0.055	4843.411	4882.573	0.192	0.073	4810.757	4849.946	0.000	0.032
モデル12	MTF 既＝FTM 既 / MTF 未＝FTM 未	4785.316	4824.478	0.154	0.020	4824.438	4863.627	0.000	0.034	4843.908	4883.071	0.199	0.072	4810.716	4849.905	0.000	0.037
モデル13	MTF 既＝FTM 未 / MTF 未＝FTM 既	4779.618	4818.780	0.000	0.020	4826.770	4865.959	0.091	0.052	4835.108	4874.270	0.000	0.017	4810.890	4850.079	0.000	0.034
モデル14	MTF 既＝MTF 未＝FTM 既＝FTM 未	4784.918	4820.163	0.134	0.070	4824.854	4860.124	0.047	0.054	4842.127	4877.372	0.153	0.072	4809.339	4844.609	0.000	0.043

既定：ホルモン療法

既定モデル		放棄諦め				責任転嫁				回避思考				気晴らし			
		AIC	BIC	RMSEA	SRMR	AIC	BIC	RMSEA	SRMR	AIC	BIC	RMSEA	SRMR	AIC	BIC	RMSEA	SRMR
飽和モデル	MTF 既≠MTF 未≠FTM 既≠FTM 未	4712.209	4759.268		0.053	4532.524	4579.647		0.006	4692.327	4739.224		0.009	4723.252	4770.149		0.056
モデル1	MTF 既＝MTF 未	4712.153	4755.290	0.101	0.017	4530.552	4573.748	0.000	0.010	4690.424	4733.413	0.000	0.040	4726.507	4769.495	0.105	0.035
モデル2	MTF 既＝FTM 既	4710.400	4753.562	0.000	0.017	4530.590	4573.787	0.000	0.023	4690.093	4736.093	0.139	0.036	4723.296	4766.285	0.107	0.009
モデル3	MTF 既＝FTM 未	4713.363	4756.501	0.152	0.053	4531.172	4574.368	0.000	0.016	4692.551	4735.540	0.115	0.016	4721.326	4764.315	0.000	0.009
モデル4	MTF 未＝FTM 既	4712.942	4756.079	0.136	0.059	4530.678	4573.874	0.000	0.014	4690.781	4733.770	0.000	0.014	4723.871	4766.860	0.133	0.037
モデル5	MTF 未＝FTM 未	4716.141	4759.278	0.230	0.061	4530.771	4573.967	0.000	0.043	4690.677	4733.666	0.000	0.003	4727.160	4770.148	0.231	0.062
モデル6	FTM 既＝FTM 未	4711.986	4755.123	0.091	0.038	4531.997	4575.193	0.071	0.043	4690.345	4733.334	0.000	0.009	4727.136	4767.125	0.143	0.071
モデル7	MTF 既＝MTF 未＝FTM 既	4711.930	4751.146	0.096	0.065	4530.026	4569.295	0.000	0.017	4688.442	4727.523	0.000	0.042	4727.390	4766.471	0.183	0.071
モデル8	MTF 既＝MTF 未＝FTM 未	4714.332	4753.548	0.149	0.063	4528.838	4568.107	0.000	0.028	4691.453	4730.534	0.078	0.039	4727.203	4766.284	0.180	0.038
モデル9	MTF 既＝FTM 既＝FTM 未	4714.097	4753.312	0.144	0.079	4529.326	4568.595	0.000	0.017	4691.004	4730.085	0.061	0.040	4721.945	4761.025	0.061	0.056
モデル10	MTF 未＝FTM 既＝FTM 未	4710.947	4750.163	0.063	0.058	4528.705	4567.974	0.000	0.024	4691.165	4730.246	0.067	0.036	4725.063	4764.144	0.144	0.066
モデル11	MTF 既＝MTF 未 / FTM 既＝FTM 未	4715.339	4754.555	0.166	0.082	4529.211	4568.480	0.000	0.043	4690.580	4729.660	0.037	0.042	4725.351	4764.432	0.149	0.053
モデル12	MTF 既＝FTM 既 / MTF 未＝FTM 未	4711.603	4750.818	0.086	0.058	4530.021	4569.290	0.000	0.043	4691.584	4730.664	0.083	0.016	4722.883	4761.964	0.094	0.061
モデル13	MTF 既＝FTM 未 / MTF 未＝FTM 既	4714.555	4753.771	0.153	0.071	4530.002	4569.272	0.000	0.043	4688.783	4727.864	0.000	0.043	4726.074	4765.155	0.162	0.061
モデル14	MTF 既＝MTF 未＝FTM 既＝FTM 未	4713.356	4748.650	0.122	0.084	4528.032	4563.374	0.000	0.043	4689.727	4724.900	0.038	0.043	4725.402	4760.575	0.137	0.070

表30 各コーピングスタイルからジェンダー・アイデンティティへのパス係数
（ホルモン療法）

		トランス女性		トランス男性	
		ホルモン既 （N＝106）	ホルモン未 （N＝28）	ホルモン既 （N＝140）	ホルモン未 （N＝105）
情報収集	非標準化係数	1.615	0.013	0.013	0.013
	標準化係数	.301	.003	.003	.003
	p	***	ns	ns	ns
計画立案	非標準化係数	0.745	−0.535	0.745	0.745
	標準化係数	.140	−.133	.158	.154
	p	**	ns	**	**
カタルシス	非標準化係数	1.445	−0.216	−0.216	−0.216
	標準化係数	.292	−.048	−.048	−.046
	p	**	ns	ns	ns
肯定解釈	非標準化係数	1.063	1.063	1.063	1.063
	標準化係数	.207	.190	.223	.232
	p	***	***	***	***
放棄諦め	非標準化係数	−1.331	−3.087	−1.331	−0.196
	標準化係数	−.251	−.511	−.214	−.037
	p	***	***	***	ns
責任転嫁	非標準化係数	−1.527	−1.527	−1.527	−1.527
	標準化係数	−.181	−.257	−.225	−.190
	p	***	***	***	***
回避思考	非標準化係数	−0.815	−0.815	0.281	0.281
	標準化係数	−.148	−.138	.050	.054
	p	†	†	ns	ns
気晴らし	非標準化係数	1.007	−1.916	−0.024	1.007
	標準化係数	.191	−.325	−.005	.186
	p	**	†	ns	**

†$p<.10$，＊$p<.05$，＊＊$p<.01$，＊＊＊$p<.001$
ホルモン既＝ホルモン療法のみ既治療群＋SRS 既治療群
ホルモン未＝身体未治療群

●性別適合手術の影響

　SRS においても同様に4群を多母集団とし，8つのストレス・コーピング
スタイルについてパス解析を行った。なお，SRS 未治療群には，ホルモン療
法のみ既治療者と身体未治療者が含まれる。モデル適合比較は前述同様である。
また，同様に，モデル適合表では紙幅の都合上，医療の呼び名である MTF，

表31　各コーピングスタイルからジェンダー・アイデンティティへのモデル適合表（性別適合手術）

既和：SRS

モデル	制約	情報収集 AIC	BIC	RMSEA	SRMR	計画立案 AIC	BIC	RMSEA	SRMR	カタルシス AIC	BIC	RMSEA	SRMR	肯定解釈 AIC	BIC	RMSEA	SRMR
既和モデル	MTF既≠MTF未 FTM既≠FTM未	4798.915	4845.909			4832.359	4879.385			4840.146	4887.140			4817.068	4864.094		
モデル1	MTF既=MTF未	4800.310	4843.388	0.161	0.058	4830.705	4873.813	0.000	0.021	4842.548	4885.626	0.192	0.087	4815.106	4858.214	0.000	0.010
モデル2	MTF既=FTM既	4798.023	4841.101	0.034	0.040	4831.452	4874.560	0.032	0.033	4839.189	4882.267	0.022	0.024	4815.827	4858.935	0.000	0.040
モデル3	MTF既=FTM未	4798.568	4840.646	0.000	0.019	4830.485	4873.593	0.000	0.021	4838.158	4881.237	0.000	0.004	4815.321	4858.429	0.000	0.039
モデル4	MTF未=FTM既	4797.188	4840.266	0.000	0.023	4830.718	4873.826	0.000	0.014	4839.010	4882.088	0.000	0.046	4815.626	4858.734	0.000	0.027
モデル5	MTF未=FTM未	4798.921	4841.999	0.104	0.035	4831.566	4874.674	0.047	0.031	4847.308	4890.386	0.297	0.069	4815.737	4858.845	0.000	0.029
モデル6	FTM既=FTM未	4797.208	4840.286	0.000	0.014	4832.426	4875.533	0.107	0.057	4840.014	4883.092	0.097	0.039	4817.149	4860.257	0.108	0.083
モデル7	FTM既=FTM未	4798.603	4837.765	0.095	0.060	4830.772	4869.961	0.047	0.061	4842.416	4881.578	0.152	0.096	4815.188	4854.377	0.025	0.084
モデル8		4798.029	4837.191	0.078	0.043	4830.659	4869.848	0.040	0.046	4846.351	4885.513	0.210	0.073	4814.497	4853.686	0.000	0.050
モデル9		4796.117	4835.279	0.000	0.026	4828.845	4868.034	0.000	0.025	4837.022	4876.184	0.000	0.046	4813.880	4853.069	0.000	0.047
モデル10		4798.370	4837.532	0.089	0.063	4829.477	4868.666	0.000	0.032	4840.607	4879.769	0.115	0.081	4813.888	4853.077	0.000	0.043
モデル11		4798.497	4837.659	0.092	0.049	4829.568	4868.757	0.000	0.031	4845.806	4884.968	0.203	0.071	4813.840	4853.029	0.000	0.038
モデル12		4795.841	4835.003	0.000	0.029	4830.430	4869.619	0.020	0.057	4838.044	4877.206	0.000	0.041	4815.218	4854.407	0.028	0.083
モデル13		4796.968	4836.130	0.017	0.036	4831.080	4870.269	0.062	0.054	4845.692	4884.854	0.202	0.071	4815.456	4854.645	0.046	0.079
モデル14		4796.688	4831.934	0.053	0.053	4829.103	4864.373	0.000	0.055	4844.356	4879.602	0.161	0.073	4813.478	4848.748	0.000	0.078

既和：SRS

モデル	制約	放棄諦め AIC	BIC	RMSEA	SRMR	責任転嫁 AIC	BIC	RMSEA	SRMR	回避思考 AIC	BIC	RMSEA	SRMR	気晴らし AIC	BIC	RMSEA	SRMR
既和モデル	MTF既≠MTF未 FTM既≠FTM未	4723.073	4770.132			4539.787	4586.910			4698.486	4745.383			4735.600	4782.497		
モデル1	MTF既=MTF未	4721.194	4764.331	0.000	0.028	4538.847	4582.043	0.025	0.063	4698.192	4741.181	0.088	0.047	4734.764	4777.753	0.042	0.028
モデル2	MTF既=FTM既	4723.921	4767.058	0.141	0.081	4539.940	4583.136	0.111	0.038	4697.799	4740.788	0.058	0.041	4734.197	4777.185	0.000	0.018
モデル3	MTF既=FTM未	4722.054	4765.191	0.000	0.059	4538.142	4581.338	0.000	0.039	4696.526	4739.515	0.000	0.005	4734.560	4777.549	0.000	0.027
モデル4	MTF未=FTM既	4724.885	4768.023	0.174	0.093	4542.681	4585.877	0.204	0.087	4701.452	4744.440	0.208	0.060	4733.627	4776.616	0.000	0.005
モデル5	MTF未=FTM未	4723.557	4766.694	0.126	0.053	4538.142	4581.338	0.000	0.020	4698.583	4741.548	0.108	0.035	4733.682	4776.671	0.000	0.007
モデル6	FTM既=FTM未	4722.604	4765.742	0.075	0.039	4541.802	4584.999	0.179	0.077	4698.583	4741.572	0.109	0.034	4733.603	4776.591	0.000	0.001
モデル7	FTM既=FTM未	4720.725	4759.941	0.000	0.048	4540.862	4580.132	0.128	0.099	4698.289	4737.370	0.099	0.058	4732.767	4771.847	0.000	0.028
モデル8		4724.405	4763.621	0.134	0.097	4538.295	4577.565	0.052	0.043	4697.872	4736.953	0.087	0.054	4732.278	4771.359	0.000	0.019
モデル9		4723.866	4763.082	0.122	0.111	4541.086	4580.355	0.133	0.096	4699.492	4738.572	0.128	0.060	4732.587	4771.668	0.000	0.027
モデル10		4722.896	4762.112	0.099	0.096	4540.849	4580.118	0.128	0.082	4699.846	4738.927	0.135	0.056	4732.854	4771.935	0.000	0.031
モデル11		4721.813	4761.028	0.063	0.066	4536.849	4576.118	0.000	0.061	4696.971	4736.052	0.051	0.038	4732.911	4771.992	0.000	0.035
モデル12		4722.055	4761.271	0.073	0.081	4539.904	4579.173	0.106	0.075	4696.589	4735.670	0.024	0.034	4732.641	4771.722	0.000	0.029
モデル13		4723.979	4763.194	0.125	0.080	4540.726	4579.996	0.125	0.093	4699.787	4738.868	0.134	0.054	4731.682	4770.763	0.000	0.007
モデル14		4722.440	4757.734	0.092	0.097	4539.086	4574.429	0.090	0.096	4697.946	4733.119	0.094	0.054	4730.940	4766.113	0.000	0.036

表32　各コーピングスタイルからジェンダー・アイデンティティへのパス係数

表32　各コーピングスタイルからジェンダー・アイデンティティへのパス係数
（性別適合手術）

| | | トランス女性 | | トランス男性 | |
		SRS 既 （N＝33）	SRS 未 （N＝101）	SRS 既 （N＝27）	SRS 未 （N＝218）
情報収集	非標準化係数	0.098	1.096	0.098	0.013
	標準化係数	.031	.196	.025	.019
	p	ns	**	ns	ns
計画立案	非標準化係数	0.904	0.112	0.112	0.904
	標準化係数	.281	.022	.027	.176
	p	**	ns	ns	**
カタルシス	非標準化係数	−0.531	0.992	0.992	−0.531
	標準化係数	−.151	.202	.268	−.106
	p	†	*	*	†
肯定解釈	非標準化係数	1.180	1.180	1.180	1.180
	標準化係数	.328	.214	.273	.244
	p	***	***	***	***
放棄諦め	非標準化係数	−1.83	−1.83	−0.755	−0.755
	標準化係数	−.464	−.334	−.115	−.127
	p	***	***	*	*
責任転嫁	非標準化係数	−1.667	−1.667	1.462	−1.667
	標準化係数	−.328	−.213	.191	−.215
	p	***	***	ns	***
回避思考	非標準化係数	0.173	−1.03	0.173	0.173
	標準化係数	.048	−.180	.034	.030
	p	ns	†	ns	ns
気晴らし	非標準化係数	0.336	0.336	0.336	0.336
	標準化係数	.100	.060	.085	.061
	p	ns	ns	ns	ns

† $p<.10$,　* $p<.05$,　** $p<.01$,　*** $p<.001$
SRS 既＝SRS 既治療群
SRS 未＝ホルモン療法のみ既治療群＋身体未治療群

FTM の表記を使用する。モデル適合表は**表31**に，採択されたモデルで推定された
パス係数の値は**表32**に示す。

　前述したように「情報収集」と「カタルシス」は，ホルモン既治療のトラン
ス女性においてのみ有意であったが，SRS 既治療のトランス女性では有意で
なかった（「カタルシス」は10％水準で負の方向）。SRS 未治療で有意（「情報

表33　ジェンダー・アイデンティティに関連するストレスコーピング・スタイル一覧

		ジェンダー・アイデンティティを高めるコーピング	ジェンダー・アイデンティティを低めるコーピング
トランス女性	身体未治療	肯定的解釈	放棄・あきらめ 責任転嫁 回避思考 気晴らし
	ホルモン療法	情報収集 カタルシス 肯定的解釈 気晴らし	放棄・あきらめ 責任転嫁 回避思考
	SRS	計画・立案 肯定的解釈	放棄・あきらめ 責任転嫁 カタルシス
トランス男性	身体未治療	計画・立案 肯定的解釈 気晴らし	責任転嫁
	ホルモン療法	計画・立案 肯定的解釈	放棄・あきらめ 責任転嫁
	SRS	カタルシス 肯定的解釈	放棄・あきらめ

収集」.196, p＜.01;「カタルシス」.202, p＜.05）で，さらにホルモン未治療で有意ではないことを勘案すると，「情報収集」や「カタルシス」は，ホルモン療法のみ既治療のトランス女性に寄与するコーピングスタイルであると考えられる。また，「カタルシス」はホルモン療法の有無にかかわらずトランス男性に寄与していなかったが，SRSをしていれば寄与（.268, p＜.05）していた。さらに，SRS未治療群のトランス男性においては10％水準ではあるが負の方向で有意であった（－.106）。

　「計画・立案」は，トランス女性では，ホルモン既治療でもSRS既治療でも有意（.140, p＜.01;.281, p＜.01）であったものの，SRS未治療及びホルモン未治療で有意ではなかったので，ホルモン療法のみをしている場合に有意となるのか否かは判断がつかなかった。しかし少なくともSRS後のトランス女性にとっては正の影響があった。トランス男性ではそれが逆となり，ホルモン

療法の有無にかかわらず正の影響（.158，p＜.01；.154，p＜.01）を及ぼすが，SRS既治療の場合は有意ではなく，未治療の場合に正の影響（.176，p＜.01）があった。したがってSRSをしていないトランス男性においては正の影響を及ぼすと考えられる。

「肯定的解釈」と「気晴らし」は，4群が等値であるモデル（モデル14）が採択された。全群で「肯定的解釈」は正の方向に寄与し，「気晴らし」の寄与はなかった。また「放棄・あきらめ」は，トランス女性で等値，トランス男性で等値とするモデル7が最適合であったが，いずれも負の方向に寄与していた。「責任転嫁」も同様の傾向はあったが，未治療のトランス男性では有意ではなかった。「回避思考」はトランス女性におけるSRS未治療群でのみ10％水準で有意であったが，既治療群では有意でなかった。なお，有意となったパスの結果を表33にまとめた。

考　察
1．身体治療をしているとジェンダー・アイデンティティに影響を及ぼすストレス・コーピングスタイルが異なるのか

　2つの身体治療について，未治療群，既治療群として分け，さらにトランス女性とトランス男性も込みにした多母集団パス解析を行った結果，群間で有意なパスが異なったストレス・コーピングスタイルがいくつかあった。以下，それらについて考察を行う。

トランス女性における「情報収集」コーピング

　「情報収集」は，SRSはせずホルモン療法はしているトランス女性にのみ，ジェンダー・アイデンティティを高める影響がみられた。

　トランス女性はトランス男性と異なり，インターネットなどを介した自己輸入でホルモンを服薬するケースが散見されることもある。トランス男性の場合，注射によって摂取をするため，医療機関にかからないのは困難であるが，トランス女性の場合は服薬で摂取できるため，身体治療への障壁がより低く，自己判断で摂取する者がいるのである。自己判断といっても，あまり知識のないまま衝動的にホルモンを摂取する者もいれば，中には内分泌医以上に調べあげた

上で摂取する者までいる。ホルモン療法をしているトランス女性は，そうしたばらつきが顕著であるため，自分の可能性を具体的に勘案する「情報収集」という対処方略は，重要な意味があるのだろう。さらにトランス女性は，性別移行の際のルートが一様ではなく，成人し結婚し子を得てから移行する者や，身体治療前に何年，何十年かの女装のみの時代をもつ者，あるいは社会的生活は男性のままホルモン摂取による身体的変化は求める者など，多様である。この点，さしたる情報を得なくても，決まり切った手続きを踏んで若年の段階で性別移行をしていく傾向のある同質性の高いトランス男性と比較すると，「情報収集」コーピングは，ホルモン療法をしており，その後をどうするかを考えるSRS 未治療のトランス女性にこそより重要な意味があると考えられる。

ホルモン療法と「気晴らし」コーピング

「気晴らし」は，ホルモン療法のみのトランス女性にとっては正の，身体未治療のトランス女性にとっては10％水準ではあるが負の影響を及ぼしていた。一方で，ジェンダー差もみられ，身体未治療のトランス男性においては，正の方向で有意であった。

村山・及川（2005）は，「気晴らし」など，回避的なストレス・コーピングスタイルが非適応的なのか否かについて，"気晴らしは，行動レベルで回避的であっても，目標レベルで回避的でなければ，必ずしも非適応的にはならない"という仮説を検証しそれを支持している。本研究では，ホルモン療法の有無で目標レベルでの回避傾向に差があるのか否かは検討していないが，ホルモン療法をしている場合，女性化への意志は相対的に固いと推測されるかもしれない。また，「気晴らし」の項目内容が，「買い物や賭け事，おしゃべりなどで時間をつぶす」，「ともだちとお酒を飲んだり好物を食べたりする」など他者とのかかわりの中でストレスを対処するという方略であるため，ホルモン療法をしていないトランス女性の場合は，その方略自体がストレッサーとなる可能性もある。

トランス男性では未治療だと寄与していた。トランス女性のように容易に経口でホルモンが摂取できるわけではないので，ホルモン療法をすることそれ自体が明確な目標となりやすいという可能性が考えられる。

今後は，ホルモン療法実施の有無ではなく，目標レベルを変数にして検討することで，より臨床への示唆が得られるものと思われる。

トランス女性とトランス男性のジェンダー差

　しばしばストレス・コーピングスタイルにはジェンダー差があるといわれる。たとえば，Tamres et al. (2002) は，対処行動の相対的な使用頻度のジェンダー差についてシスジェンダーの男女を対象にした先行研究をメタ分析によって検討したところ，女性は男性よりも「ソーシャル・サポート」を，男性は「問題解決」や「回避」を好むという傾向を見出している。

　本研究でも，「カタルシス」，「計画・立案」，「回避思考」にジェンダー差が見られた。本研究で測定している「カタルシス」は，"ソーシャル・サポート"に近い概念であり，「計画・立案」は，"問題解決"と近似概念であるといえる。

　しかしながら，本研究で見出されたジェンダー差の傾向は Tamres et al. (2002) のメタ分析よりも複雑な様相を呈しており，SRS の実施によって，ジェンダー差が逆転するという結果となった。以下，これら3つのコーピングについて説明をする。まず，「カタルシス」はホルモン療法のみのトランス女性の場合，正の方向に影響するが，SRS 既治療のトランス女性では10%水準ではあるが負の方向に影響していた。一方，SRS 未治療のトランス男性においては10%水準で負の方向，SRS 既治療のトランス男性では正の方向という逆のベクトルが得られている。このことは，SRS 実施後のトランス女性とトランス男性とで何らかの認知の違いが存在していることも示唆され（たとえば，術後は誰かに話を聞いてもらっても性同一性の安定には結びつきにくいトランス女性と結びつきやすいトランス男性など），このジェンダー差の根底にある要因については，さらなる検討が求められる。次に，「計画・立案」は，「カタルシス」と逆方向の結果であり，ホルモン療法にかかわらずトランス男性には「計画・立案」は正の方向で影響していたが，SRS 後はもう影響を及ぼさない。一方トランス女性では，SRS 既治療でのみ，正の影響を及ぼす。これはたとえば，術後，トランス女性は，誰かに話を聞いてもらうことではなく現実的な計画を練るほうがアイデンティティが安定し，トランス男性は，誰かに話を聞いてもらえればそれで肯定的な解釈ができるようになるなど，トランス女性と

トランス男性に何らかの異なる認知要因が寄与していることが考えられる。最後に、「回避思考」は、10％水準ではあるがトランス女性においてのみジェンダー・アイデンティティを低めていた。「回避思考」をとることは、女性アイデンティティを低めるが、SRS を実施している場合は、女性アイデンティティに影響はないという結果であった。

　術後になると、「計画・立案」及び「カタルシス」は、シスジェンダーの男女によくみられるコーピングパターンとは逆のパターンで影響が及ぼされるという結果は、ジェンダー・アイデンティティが高い当事者が性役割ステレオタイプに同調しているわけではないという第3章3節(1)の結果（佐々木、2007b）に類似している。

2．全群においてジェンダー・アイデンティティに影響を及ぼすストレス・コーピングスタイル

　全群間に等値を置くことができ、さらにそれが正に寄与していたというストレス・コーピングスタイルは、「肯定的解釈」であった。そして、負の影響があったのが「放棄・あきらめ」であり（未治療トランス男性以外）、同様に負の影響があったのが「責任転嫁」であった（SRS 既治療トランス男性以外）。トランスジェンダー当事者がジェンダー・アイデンティティを高めるためには、物事を肯定的に捉えられるような認知と、諦めたり他人のせいにしたりしないよう、自己に責任をもつ姿勢が必要であるといえる。

　しかし、当事者を取り巻く環境が厳しい場合、「放棄・あきらめ」や「責任転嫁」といった対処をせずにいるのは、たいへん困難なことでもある。必ずしも当事者ばかりの責任ではないと思われるケースも散見される。当事者の周囲の環境調整も含め、どのようにすれば肯定的に解釈できるようになるかをサポートすることは鍵となるだろう。

3．トランスジェンダーの心理臨床におけるジェンダー・アイデンティティへのサポート

　以上、実証データにより、トランスジェンダー当事者のジェンダー・アイデ

ンティティを高めるストレス・コーピングスタイルを検討してきた。以下に，本研究の結果から言及しうる心理臨床現場におけるサポートについて考えたい。

　トランスジェンダーの心理臨床には，ジェンダーのアセスメントとジェンダーのケアという2つの特徴が挙げられる。本研究は，後者について示唆を与えるものと考えられる。これは，クライエントの性別表現について，変化をしたい方向を共に探りサポートしていくことであるが，この際には，アイデンティティ支援の観点から行うことが，心理臨床家特有のサポート着眼点であると思われる（佐々木，2008）。

　ジェンダー・アイデンティティとは，"男性あるいは女性，あるいはそのどちらとも規定されないものとしての個性の統一性，一貫性，持続性（Money，1965 東訳 2000）"のことである。しばしばカテゴリカルな質的データとして扱われるが，本書では，それを強弱で表現されうる極めて揺らぎのあるものとして測定している。そのため，ある性別への統一性，一貫性，持続性をより促進するような対処方略とは一体何か，という視点で検討が可能になったといえる。

　その結果，女性としての統一性，一貫性，持続性の促進には，肯定的な解釈をし，すでにホルモン療法をしていたら，他者と話をして気を静めたり，情報を集めたり，気晴らしをしたりし，SRS 後は現実的な対策を考えるという対処方略が寄与していた。また，男性としての統一性，一貫性，持続性の促進には，肯定的な解釈をし，身体未治療であればどう問題を解決するのかを考えたり，気晴らしをしたりし，ホルモン療法をしていれば，プランニングが意味のある対処方略であった。SRS 後は，他者に話を聞いてもらうこともプラスの影響があるようであった。当事者のジェンダー・アイデンティティを高めることが目的となる場合，どのようにすれば「肯定的解釈」ができるようになるかを共に探り，カウンセリングが身体治療の状態に応じて「カタルシス」，「計画・立案」，ときには「気晴らし」の場としての機能を果たすと有効である可能性が示唆されたといえる。

　ただし，トランス男性の場合，性自認を意識すればするほど，自分の思う性別と他者が思う性別が一致しているという感覚が低くなるという結果も出ている（佐々木，2007c）。コーピングしようとして，さらに男性であることを意識

してしまうと，かえってジェンダー・アイデンティティを低めることにつながりかねない。その認知プロセスとサポート可能性については，今後の検討課題である。

7 ジェンダー・アイデンティティと自尊感情の因果の方向性

　本章2節から6節までジェンダー・アイデンティティに寄与する要因について，さまざまな変数を検討してきた。それでは，性同一性が高くなると自尊感情も高くなるのだろうか。これまで，ジェンダー・アイデンティティに寄与する要因を明らかにすることによって，トランスジェンダー当事者がどのように性同一性を形成していくのか，その各要因を明らかにしてきたといえる。こうした要因が同定されることで，当事者の性同一性をサポートすることにもつながると思われるが，しかしながら，それによって自尊感情が高くなるのかどうかは明らかではない。

　これまでの心理学研究では，「ジェンダー・アイデンティティが社会的自尊感情を規定するという因果関係を想定する」（東，2001）という捉え方がされており，自尊感情を基準変数に，性同一性を説明変数とする」（伊藤，2001）という分析がなされ，性同一性を原因，自尊心が結果，と仮定されてきた。しかしこれら研究は横断研究であり，縦断研究によって因果の方向性を明らかにしているわけではない。また，臨床研究では，「自我同一性の基盤ともなるべき自己評価の低さは，"女性としての自己"の受容をも困難する大きな要因として考えられる」（松本・村上，1985）というように，自尊心が原因となって性同一性が形成されるとみなす見解もある。

　そこで，第3章7節では，性同一性と自尊感情の関係を明らかにする。性同一性と自尊感情の関係には，以下4つが考えられる。1つ目は，性同一性が原因で自尊感情に影響を及ぼすという因果関係，2つ目は，自尊感情が原因で性同一性に影響を及ぼすという因果関係，3つ目は，性同一性と自尊感情が両者とも原因となり，影響を及ぼしあっているという関係，そして4つ目は，性同

一性と自尊感情には相関関係がないか，相関関係があったとしてもそれは因果関係ではなく，観察された相関関係は，見かけのもの（疑似相関）である可能性があるという場合である。

方　法

●協力者

　協力者は，1回目の調査と2回目の調査の両方ともに協力した，トランス女性59名，トランス男性70名。

　平均年齢はトランス女性が41.1歳（SD10.7），トランス男性が31.3歳（SD7.6）であった。2003年の1回目の調査では質問紙を精神科医によって手渡しをしてもらい，2回目の調査（2006年12月～2007年1月）では郵送により依頼した。

●使用尺度と調査内容

① 第3章1節（2）で作成された「ジェンダー・アイデンティティ尺度」

② Rosenberg（1965）の邦訳版（山本・松井・山成，1982）の10項目で，評定は5段階。

　分析は，縦断データを構造方程式モデルで分析することで，パス係数の有意性検定を行い，因果関係を明らかにする。1回目調査時のジェンダー・アイデンティティと自尊感情が，2回目調査時の両変数の変化に影響を及ぼすか否か"交差遅れモデル"（Finkel, 1995）を検討する。

結　果

　交差遅れモデルのパス解析の結果をそれぞれ**図13**と**図14**に示す（数値は標準化解）。

　RMSEA はジェンダー・アイデンティティ4因子とも0.09（0.10以下が望ましい），CFI が0.87（0.90以上が望ましい）であり，モデル適合は芳しくない。したがって，ジェンダー・アイデンティティが自尊心に，あるいは自尊心がジェンダー・アイデンティティに直接影響を及ぼしているというよりも，本来的

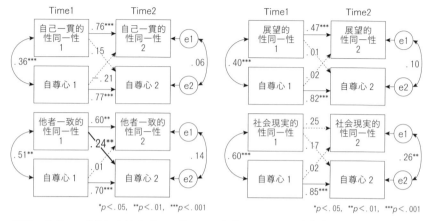

図13　トランス女性におけるジェンダー・アイデンティティと自尊感情の交差遅れモデル

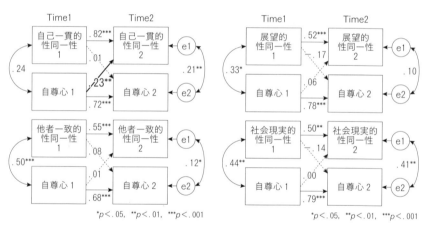

図14　トランス男性におけるジェンダー・アイデンティティと自尊感情の交差遅れモデル

には未観測の剰余変数を想定すべきという条件付きで，以下の結果について述べていく。

　パス解析の結果より，トランス女性とトランス男性とでは因果の方向性が異なっていた。トランス女性においては，他者一致的性同一性において「ジェンダー・アイデンティティ→自尊感情」の方向のパスが有意（.24）であったの

に対し，トランス男性においては，自己一貫的性同一性において「自尊感情→ジェンダー・アイデンティティ」の方向のパスが有意（.23）であった。

考　察

　パス解析の結果，トランス女性では，他者一致的性同一性が原因で自尊感情に影響を及ぼすという因果関係が有意であり，トランス男性では，自尊感情が原因となり自己一貫的性同一性に影響を及ぼすという因果関係が有意であった。[9]

　これまで，ジェンダー・アイデンティティに影響を及ぼす諸要因について検討を行ってきた。その結果，身体治療，典型的性役割，性的指向，他者からの受容，認知スタイルなどさまざまな要因がさまざまなレベルで寄与していることが明らかとなった。トランス女性の場合は，このようにしてジェンダー・アイデンティティが高められることによって，自尊感情が高まる，という性的自己形成のプロセスが示唆されたといえる。一方，トランス男性の場合は，先に自尊感情ありきであった。自尊感情が高くなると，男性としてのジェンダー・アイデンティティが高くなっている。

　ジェンダーによって，逆の方向性が採択されたことについて，性的自己形成における領域固有性，領域一般性という観点から考察をしたい。

　男性にとって性的自己を示すことは，何か特別なありようを示すことではなく，「人として自信がありさえすれば」男性として自信がもてると考えられる。社会的望ましさと男性役割パーソナリティが矛盾しない（伊藤，1978）といわれているように，社会的に望ましいありようを示していれば，その後の男性アイデンティティも高くなることが考えられる。一方，女性の場合，社会的望ましさと女性役割パーソナリティは一致せず，女性役割パーソナリティはそれとは独立した価値とみなされている（伊藤，1978）。このように，社会的に望ましい人間像を自己概念化していたとしても，それだけでは「女性としての自己」が形成されるわけではなく，別の要因で作りこまなければ女性としての自己は形成されないという違いがあることが考えられる。このことは，女性アイデンティティの領域固有性，あるいは複線性といえるだろう。

　一方，男性アイデンティティには，何をもって男性だとみなすかという単純

さがないということが挙げられる。スカートをはき，化粧をすればそれだけで女性としての記号を身にまとい，女性アイデンティティを表現しやすいトランス女性に対し，トランス男性は「男性アイデンティティを補強する，そのアイテム」が欠けているという困難性がある。男性アイデンティティを形成するには，自己形成全体に着手しなければならないという領域一般性ともいうべき，包括的アプローチが求められているのかもしれない。

　性的自己形成は，ジェンダー別のルートで理論化させる必要があるのだろう。第2章で述べたように，少なくとも環境圧が異なることが性的自己形成を育むにあたり影響を及ぼしており，トランス女性とトランス男性がジェンダー化するための"要因"が異なっているのである。

8 規定されないものとしての ジェンダー・アイデンティティ

　「性的自己形成は，ジェンダー別のルートで理論化させる必要がある」と述べたが，ここまで本書で言及してきたトランスジェンダー当事者は，みな自己を男性，あるいは女性であるとみなした者を対象として分析した結果であった。

　しかしながら，男性あるいは女性にのみ同一感をもつ人ばかりではない。男性，女性両方に同一感をもつ人たち，あるいはいずれにも同一感をもたない人たちは，医療概念であるMTF，FTMを倣い，しばしばMTXあるいはFTXと自己を呼ぶことがある。本節では，こういった規定されないジェンダー・アイデンティティをもつトランスジェンダー当事者がどのような性的自己を追求しているのか質的な検討を行う。

　これまで心理学では，男性あるいは女性のアイデンティティいずれかをもたない場合は，アイデンティティ拡散・混乱や不適応の文脈で語られてきた。「両方の性別であること，あるいはどちらの性別でもないということは，本質的に達成し得ない」（Kubie, 1974）という精神分析家の主張がある。日本でも，精神分析理論の立場から，「（性の分立が）揺らいだり，崩れたりすることが人格の解体につながることは，多くの臨床例が示すところである」（齋藤，1983）

のように臨床例からそれは述べられてきた。Kubie（1974）の議論は，精神分析らしく「人は皆，無意識的に両方の性でありたいと駆り立てられる」という前提に立っている。「しかしながら，それができないことが分かり困惑する」と自己愛の挫折を誰しもがもつという視点で捉えるため，"自分は男性でもなければ女性でもない"と述べる患者に対して，自己承認や愛情をめぐる葛藤や病理性を仮定していた。

　それでは，ジェンダー・アイデンティティが男でも女でもあること，男でも女でもないことは，不適応なのだろうか。アイデンティティとは，統一性，一貫性，持続性という感覚を時間軸だけではなく，社会軸においても，纏りをもった「まさに自分」として感じられることを指す。そこで，適応・不適応の文脈に則り，"どのような性的な自己としてありたいか"ということを尋ねることで，規定されない性別としての当事者の展望的性同一性を明らかにし，それが社会的に不適応なあり方であるのか否かを考察していきたい。

方　法

●協力者

　2006年12月〜2009年8月に精神科，産婦人科などで直接主治医から手渡してもらい，協力をしてくれた人達と，2003年時に再度の協力を了承してくれた人へ郵送をして協力を得られた人たちとを混合して分析をした。

　性自認の欄を「両性」あるいは「どちらでもない」に回答したMTX 11名，FTX 15名。平均年齢はMTXが39.4歳（SD12.1），FTXが28.8歳（SD7.8）であった。

●調査内容

　「あなたの性自認の性別で目標とする姿，めざしている方向などを思いつくだけご記入ください」と自由記述を求めた。

結　果

● FTX と MTX の身体治療の程度と法的状況

　MTX と FTX の現在の医学的身体治療の程度と法的状況を表34にまとめた。ホルモン療法は，FTX で1/3が実施し，MTX では過半数が実施していた。

表34　FTX と MTX の現在の医学的身体治療の程度及び法的状況

	ホルモン	乳房切除	SRS	改名	戸籍変更	離婚	婚姻	子ども有
FTX（N = 15）	4	3	0	3	0	1	0	0
MTX（N = 11）	7	—	1	1	1	1	2	1

● 自由記述の分類

　自由記述の分類については，FTX，MTX それぞれ 1 人ずつ空欄であったため，全24名の自由記述を対象にした。記述内容から 3 つのクラスタに分類できると考えられた。表35に全記述と共に示す。

　1 つ目が「過渡型」としての規定されないジェンダー・アイデンティティである。これは，そもそも男性あるいは女性のアイデンティティをもちたいのであるが，現段階ではまだ自信がもてないため明確に女性あるいは男性と自己定義できず過渡期にあり，現状では両性やどちらでもないと自己をみなすありようである。

　2 つ目が「揺曳型」としての規定されないジェンダー・アイデンティティである。これは，性自認が揺れているので，両性やどちらでもないと自己をみなすありようである。

　3 つ目が「積極型」としての規定されないジェンダー・アイデンティティである。これは，自己が規定されない性同一性であることに積極的な意味を見出しており，中性としてのあり方を模索しているありようである。

　2 つ目の「揺曳型」は，揺らぎのある状態であるため，これを脱して「過渡型」あるいは「積極型」に移行することが予測されるが，しかし，この「揺曳型」に留まり「揺曳型」としての自己を好きでいたいという記述もみられる。したがって，「積極型」と「揺曳型」の一部については，X としてのジェンダー・アイデンティティを形成していこうとするものであるといえるだろう。

表35　規定されないジェンダー・アイデンティティとしての「目標」の分類

過渡型	：今は自信がないので X アイデンティティであるが，今後，女性・男性アイデンティティ が形成されると考える。
FTX	カミングアウトして両親にも理解してもらう。FTM として生活して，そういう人たちの 役に立ちたい。
FTX	望みの性別に体が近づき，精神的に安定した。性別によりものごとを判断しない社会を作る。
FTX	自分のなりたい性で生活できる世の中になっていってほしい。
FTX	ホルモン療法，乳房切除は在学中にやりたい。改名もしたい。SRS，戸籍変更はもう暫ら く様子を見てからやりたい。
MTX	性同一性障害は人権の面から語られがちですが，心の問題として内面を共有できる人が増 えてほしい。
MTX	無理のない発声，自然と言う意味での，ティピカルな服装，女性としての生活（具体的に はよくわからないが）。
MTX	女性の服装をする衝動に襲われ，性自認は女性であるので，将来は豊胸手術，膣形成を経 て，女性として社会で生きていければベストであると考えています。
MTX	かわいいお母さんになりたいが不可能なのでどうしていいか分からない。自分の容姿がい やなので整形でもしないと女装はムリかもしれない。
MTX	普通に女性として街中を歩きたい。声も女性化したい。できれば肉感的な体になりたい。
揺曳型	：ジェンダー・アイデンティティが揺れている。揺れを固めたい者もいれば揺れていたい 者もいる。
FTX	今は考えないようにしています。
FTX	性自認が昔にくらべてあいまいになっているので，特に目標とする姿がないです。ホルモ ンしてでも女性みたいな姿でも OK かなと思ってます。
FTX	今，はっきりと悩み中です。自分では，もう，胸とったので，どうでもいいのですがホル モンやっていないので，女に見られる男に見られる半分半分なのです。他の人が，接しや すいよう男になってた方がいいのかなと考えます。でもまあ，あんまり，やる気はないで す。こうゆう人間もいるとあえて中途半端な感じを世にアピールしたいかな？
FTX	私は性自認がゆれています。女性ではないですが男性にも同一感がありません。それはそ れとして，わたしはわたしでいいんだろうと思っています。そして，ゆれつづける自分を ずっと好きでいたい。
MTX	私の場合はまず性自認をはっきりさせること。その上で望む性で生き，自己を表現してゆ きたいです。
積極型	：積極的に X ジェンダー・アイデンティティのあり方を模索している。
FTX	おだやかに誰も憎まず，何を怒ることもなく，ただすべての命に感謝してすべてを愛しな がら時を過ごせたらと思う。
FTX	男性であり女性でありたい。どちらでも通る状態でありたい。中性でありたい。
FTX	中間の性というものもあるのを知った。これまで生きてきた女性としての過去は捨てられ ないものなので中性として生きていきたいです。
FTX	男性・女性というカテゴリーに左右される事のない身体芸術表現の追求。
FTX	今のまま気張らずいられれば良い。物理的に服（中性的な）を増やせれば問題ない。
FTX	既存の価値観や生き方に固執しない自由な個人でいたい。マイノリティ全体に関われるよ うな活動に参加し，少数派の認知度を上げたい。
MTX	ぼくが自分を出せて大きくなれればいいとおもっているけれど。
MTX	ホルモンは摂取しているが，生まれたときの身体の性と完全に反対に見てもらって社会生 活をするまでになりたいとは思っていないので，「男くささ」が抑制される程度でよいと 思っている。副作用で身体を害するよりは「何となく中性的な人」ぐらいで過ごすほうが ベターである。
MTX	女の子の様に可愛いい女の子，もしくは男の子。ロリショタ系。ムリだけど。
MTX	ニュートラル（中性化）男としても，女としても生活できるようにしたい。外見は女性， 内面は中性。

考　察

　MTX や FTX という用語は，日本特有の当事者スラングである。性同一性障害概念が流布し，これが一般化するに従い，「自分は性同一性障害なのだろうか，違うのかもしれない」と思う人々を掘り起こし，出生時に割り当てられた性別に違和感はあるものの，帰属する性別が「女性」あるいは「男性」ではない状態にある人々が，性別違和はある者として自己定義するときに MTF や FTM という用語に倣い，使用するようになった。

　現在では，インターネットなど自己表現をする場で積極的に X であることを前面に押し出して情報を発信する人や，トランスジェンダーの集まる会合やイベントで X であることを含めて自己紹介するなど，それなりの市民権を得たスラングとなってきている。日本では典型的な性同一性障害のみが理解され受容されるという傾向があり，ここから外れる者は偏見と排除の対象となりやすい。たとえば加藤（2006）は，新聞メディアにおいて喧伝される性同一性障害のイメージ像を浮き彫りにし，性同一性障害とは「'性転換手術' をしており，また戸籍性別の訂正が行われたもののことであり（中略），これら規範が欠けると，〈性同一性障害〉者ではなくなる」と述べ，「あるべき性同一性障害像」という規範化がなされていることを指摘している。X ジェンダー・アイデンティティをもつ人々の存在は，こうした規範化を覆すものとして位置づけることもできるだろう。

　新たな概念であることもあいまって，これまで X ジェンダー・アイデンティティについての研究はされてこなかった。そのため FTX や MTX がどのような状態を目指しているのかはまったく明らかにされてこなかった。

　そこで，両性やどちらでもない性を選択した全24名のジェンダー・アイデンティティとしての目標とする姿を分類してみたところ，その目標は３つに分類することができることが示された。それが「過渡型」，「揺曳型」，「積極型」である。

　これまで，女性アイデンティティあるいは男性アイデンティティのどちらかをもてない人は不適応でありアイデンティティが拡散していると考えられがちであった。これは，「揺曳型」の一部の人たちに当てはまる現象であるといえ

よう。彼らは現在，自分が同一感をもつ性別が揺れており，どういった性別に帰属していこうか探している。

　一方，男性や女性のアイデンティティをもっていなくても，「積極型」や「揺曳型」の一部の人の場合，男性にも女性にも回収されない，別のジェンダー・アイデンティティを形作っていこうとしている様子がみられた。男性的な身体つきになるためのホルモン療法をしていても，「女性みたいな姿でも OK」であったり，「あえて中途半端な形をアピールしたい」であったり，「揺れ続ける自分を好きでいたい」という思いがあったり，「男としても女としても生活できるようにしたい」など，そのありようは既存の価値観に絡めとられることなく，自らの性別としてのありようを創造するところすらうかがえる。またそのコミットメントの仕方も，「少数派の認知を上げたい」，「男性・女性というカテゴリーに左右されることのない身体芸術表現の追求」という，挑戦的で建設的なありようを目指すあり方もあれば，「穏やかに……（中略）すべての命に感謝してすべてを愛しながら時を過ごせたら」や「今のまま気張らず」という，外界に働きかけるよりもそのままの状態で穏やかに過ごそうと目指すあり方もある。

　Kubie（1974）など精神分析の観点からは，男性でも女性でもない，男性でも女性でもあるなどの男女以外であることは，病理であるとみなされてきたが，このような状態が不適応であったり，一時的な状態であることはあるものの，常にそうということではなく，1つの固定的なジェンダー・アイデンティティのありようとして形成しうるものであることが示唆された。またその形成の仕方にも，積極的に打って出て表出していく人もあれば今のこの状態の形で存在していくという人もあるようである。今後は，どのようにして規定されないジェンダー・アイデンティティが形成されていくのかを検討する必要があるだろう。

●●注

1）当時はこのようなこの問い方をしたが，望ましくないと考えられる。身体的性別を問うのではなく，「出生時に割り当てられた性別」を尋ね，男性か女性かを問い，「間性」という用語も使用すべきではないだろう。本書の付録にジェンダー・アイデンティティ尺度の質問紙本体を掲載した。

2）誤差分散が負に推定されるという不適解（ヘイウッド・ケース）は，狩野（1998）によれば良性の不適解と悪性の不適解に区別される。良性の不適解とは，標本変動の影響で誤差分散が負になってしまったことを指し，良性と判断されるためには① 反復が収束，② 推定値が安定，③ 標準誤差が同程度，④ 信頼区間に0を含む，⑤ 基準化残差が同程度，が全て達成されることが条件として挙げられている。本分析では，① から ⑤ まで全てが達成されたので，良性の不適解と判断した。標本変動による不適解の場合には，誤差分散を0とする境界解（boundary solution）を採用することが許容される（鈴木，2005）ため，本分析でもそれに従った。また，誤差分散を0としたために "現実展望的性同一性" から "社会現実的性同一性" への因子負荷量が1となっているが，だからといって，2つの因子の名前を同一とは考えなかった。それは，この不適解は標本変動の影響によるものであり，母集団においても因子負荷量が1では必ずしもないからである。

3）女性化を図るために，喉仏・声・肩幅については手術療法，髭についてはレーザー脱毛，また，声については訓練によって変化を求める者もいる。

4）Cohen（1992）は，「0.80以下の検定力の場合には，第2種の誤りを犯す可能性が高くなる」（p. 156）と述べている。

5）針間克己他（2017）「性同一性障害に関する委員会」による性別違和が主訴の症例数と国内外性別適合手術例数の推定調査，第19回 GID（性同一性障害）学会研究大会発表。

6）「性同一性障害者の性別の取扱いの特例に関する法律」では，戸籍上の性別を変更するためには，「生殖腺がないこと又は生殖腺の機能を永続的に欠く状態にあること」や「その身体について他の性別に係る身体の性器に係る部分に近似する外観を備えていること」という手術要件がある。

7）本尺度は，書籍翻訳者の河野（1997）により翻訳されていたが，訳語が本研究には適っていなかったため，訳者の許可を得て邦訳しなおした。なお，The Haworth Press にも問い合わせ邦訳することに問題がないことを確認した。

8）一般的に passing（pass）は「自分が同一感をもつ性別で生活をする際に，疑問をもたれずに社会的に通用すること」を指し，read は，その対義語として使用されている。いずれもトランスジェンダー当事者内でのスラングである。本研究で

は，「パッシング」とカタカナ表記した。

9）この分析ではジェンダー・アイデンティティと自尊心の関係に影響する可能性が
ある第三変数の存在を考慮していない。したがって，この分析結果はジェンダー・
アイデンティティから自尊心への直接的な影響を明確に示したものではない。

※初版において表28に一部誤りがあったため，第2刷では表28を削除いたしました。
よって以降の表番号が初版から変更になっております。
以上，お詫びして訂正いたします。

終
章

これからの性別観

──総合考察

多次元モデルからみた性同一性

　本書における現象把握は，従来の研究とは異なる視点から試みている。それを表36にまとめた。

表36　本書における従来の研究視点との違い

	従来 （分類的）	本書 （分類的）	（多次元的）
性同一性の捉え方	男性，女性	男性，女性，Xジェンダー	統一性，一貫性，持続性の強弱
異なる性別で生きる人の捉え方	性同一性障害・性別違和 （精神疾患）	トランスジェンダー	背後に正規分布を仮定 （集団内の個人差）
性同一性の発現要因	遺伝，環境単独の影響を示す		遺伝環境要因双方の発達的変化

　上記に示したように本書では，3側面について，新たな分類的アプローチと多次元的アプローチによって，対象の把握を試みた。

　第一に，これまでの「性同一性」の捉え方は，「自分が所属している性別について知っているという感覚のこと。すなわち‘私は男性である’もしくは‘私は女性である’という認識のこと」（Stoller, 1964）という定義に代表されるように，「男性」か「女性」かというカテゴリカルな二分法で捉えるものであった。しかし，本書では，カテゴリカルな性別についても，Money（1965）の定義に即し，男性，女性，そして規定されない性別と3つのカテゴリを設けて検討し，さらに，次元的に捉えるため，新たな尺度を作成し，性同一性を「量的」，「多元的」に測定することを可能にした。トランスジェンダーとシスジェンダーのジェンダー・アイデンティティ得点のヒストグラムを図15，図16に示す。トランスジェンダーのジェンダー・アイデンティティ得点は正規分布をしている。シスジェンダーは，歪度が負の方向にあるが，これは多くのシスジェンダーにとってジェンダー・アイデンティティが高く安定しているためで

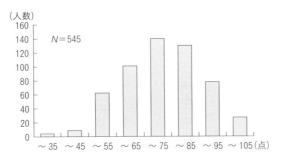

図15 トランスジェンダーのジェンダー・アイデンティ
　　　 ティ得点分布

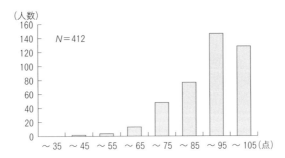

図16 シスジェンダーのジェンダー・アイデンティティ
　　　 得点分布

ある。とはいえ，シスジェンダー内でもジェンダー・アイデンティティ得点が
分散していることも，このグラフから読みとれる。
　第二に，異なる性別で生きる人に関して従来は，性同一性障害という精神疾
患として捉え，「性同一性障害である」「性同一性障害ではない」という二分法
でアプローチされてきたが，本書では，そこにバリエーションを見出し，背後
に正規分布を仮定し，性別違和と異性帰属の2軸の強弱で「性同一性障害傾
向」を表現し，集団内の個人差の中で任意に閾値を設けるという次元モデルを
採用した。さらに，従来の「病理を治すために身体治療をして社会に適応させ
る」という医療モデルではなく，望みの性別で十分なアイデンティティをもっ
て生きていくには，どのような医療内・医療外の要因がかかわっているのかと

いう視点から，ジェンダー・アイデンティティが高い当事者にはどのような要因がかかわっているのかという脱精神病理モデルからアプローチした。

　これにより，割り当てられた性別とは異なる性別で生きる人々の個人差の要因に迫ることができ，一枚岩ではない当事者内の多様性をあぶり出し，ジェンダー・アイデンティティに関連する諸要因に肉薄できたといえる。

　第三に，これまでの分子遺伝学では性同一性障害にかかわる遺伝子探しをしていたり，神経科学分野では神経核の大きさを探求したり，あるいは心理学では親の養育環境を統制群と比較するなど，遺伝と環境は別個の現象として扱われ，さらに両者とも固定的に影響を及ぼしていると想定されてきた。しかし本書では，双生児法による行動遺伝学分析によって，遺伝と環境の双方を扱うことがかなったばかりか，小児期から成人期への発達過程で，遺伝や環境の及ぼす影響力のダイナミックな変化に言及することができた。これはまた，正規分布を仮定した次元モデルがゆえに検証可能となったといえる。

　以上，このような多次元モデルによって，これまでにないアプローチで実証的な検証がなされたといえる。それでは以下に，このアプローチから明らかとなった，多様な性同一性について考察していきたい。

　本書の目的は①性別違和と異性帰属の発現にあたって，遺伝要因と環境要因の力学がどのように発達的変化をするのか（発現要因），さらに，②異なる性別としての自己を育むためには，どのような環境要因がかかわってくるのか（発現したものの成長要因）を明らかにするというものであった。以下にこの2点について詳述する。

（1）　性同一性の非典型性の発現を「抑える」環境

　まず，第1章では，本論文の背景として，「これまでの性別観」（第1章1節）および「これまでの発達メカニズム論」（第1章2節）を振り返り，旧文部省の"性的自己が非典型にならないように環境を整えよ"とする性別観と[1]，"それは生物学的なものであり病理であるから非典型になるのが定めだ"とするマス・コミュニケーションの性別観とで乖離があるため，この両者の性別観を支持す

る先行研究についてレビューした。

　その結果，個々別に環境の影響，ホルモンの影響，脳と神経核の影響，遺伝の影響が示されてきたものの，これらを統合的に扱うまでには至っておらず，体系付ける困難さが見出された。

　そこで，両者の影響を統合的に扱う方法論として着目されたのが，行動遺伝学であった（第1章3節）。行動遺伝学の方法論によって遺伝の影響を推定するということは，翻って環境の影響力を推定することに他ならない。

　この方法論を使い，小児期から成人期にいたる性同一性障害傾向の遺伝と発達の影響の推移を検討したところ，男女で異なる経路が見出された。

　まず，小児期女児は遺伝率が高いが，青年期と成人期になると，非共有環境で説明される傾向となっていった。一方，小児期男児は，共有環境の影響が大きく，青年期，成人期は非共有環境によって性同一性障害傾向が説明された。

　女児では遺伝がもっとも寄与し，男児では共有環境がもっとも寄与するという性差については，本文（第2章1節(3)「男女別の性心理発達」）に述べた多くの先行研究から示されるように，男児の場合，周囲が異性役割行動に寛容的なのか否かによって影響を受けるためであることが推測される。女児は男児に比べると異性役割行動への圧力が弱い。このことが男児は共有環境の大きな寄与を導き，女児は環境圧があまりなく，女児個人そのままの潜在性を表出しても障壁がないので，遺伝の大きな寄与を引き起こすのではないかと考えられる。もっといえば，女児には自己の潜在性をそのまま発現できる環境があるが，男児はそれを「抑え」たり，または逆に「促し」たりする家庭環境が存在し，それが遺伝率の寄与の低さを招いているのだと考えられる。したがって，小児期の男児と女児では，性同一性障害傾向の発現に異なるメカニズムが想定される。

　環境の影響が相対的に小さい女児であったが，青年期になると増大する。女子の場合，先行研究でいわれてきたように（本書では第2章1節(3)「男女別の性心理発達」に列挙）青年期・成人期には，性役割の価値観にさらされるか否かという環境圧がかかってくることが遺伝率の低さを招いていると推察される。しかし，こうした環境圧の強さは，男子においてより苛烈である。本書ではこのことについて，中高生男子特有のホモフォビア（同性愛嫌悪）・トランスフォ

ビア（トランスジェンダー嫌悪）という環境圧が考察され，さらに非共有環境の影響が大きかったため，双生児きょうだいで類似しないという意味において，「分離」が心理発達テーマとして先鋭化・表面化しやすい青年期男子の心性が考察された。

　このように，男性における環境圧は非常に大きいため，性的自己が環境によって形成され，個人の遺伝的性向が表出されにくいことが示唆された。これは，これまでいわれてきた"性的自己が非典型にならないように環境を整えよ"とする旧文部省の性別観も，"それは生物学的なものであり病理であるから非典型になるのが定めだ"とするマス・コミュニケーションにおける性別観とも異なる。

　本分析から推察されることとしては，以下となるだろう。性別によって性的自己の非典型性の発現には異なるメカニズムがあり，非典型性を発現するには特に男性で強い環境圧がある。さらに男女とも双生児が共有する家庭環境（たとえば家族からの結婚への圧力など）や胎生期のホルモン環境を示唆する「共有環境」の効果も得られている。遺伝率の低さは，その人が遺伝的にもっている性向を環境が抑えこむためにそのまま表出できないということを示している可能性があるだろう。

　これまで，性同一性障害に関する言説では「幼少期から一貫して身体的な性別とは異なるアイデンティティをもってきた」という語りが流布され，性同一性障害の当事者というのは，固定し一貫した異性の同一性を"物心のついたときから"確固たるものとしてもってきたという印象を与えてきた。この現象は，成人期以降の当事者に，意識的にせよ無意識的にせよ自己の一貫性を保ちたいという欲求が背景にあり，一貫性をもたらすような記憶のみが再生されるという回顧バイアスが起こったため生じた可能性が考えられる。単純な物語は他者に消費される。また，単純な物語のほうが自己を安定化させる。それゆえ心理療法的には，一貫した物語を語ることには意味があるといえよう。

　一方，この環境圧の強大さを考えると，どんなに遺伝的潜在性が存在していたとしても，自己の性別の一貫性をもち続けることは困難だと思われる。こうした遺伝的潜在性を抑え込む力が女性の場合は青年期から，男性の場合はすで

に小児期から加わっている。この環境圧の中，一貫して安定した異性アイデンティティを保ち続けることは可能であろうか。悩み，揺れて，さまざまな試行錯誤を繰り返しながら，徐々に異性アイデンティティが発達していくと考えたほうが適切であろう。

　本書が明らかにした発達図式は，非典型的な性的自己の遺伝的潜在性の発現を抑える環境圧の甚大さである。臨床的にあるいは実際上，論点となるのは"揺れ"に対する認識をどう価値付けるかである。すなわち，環境圧によりわれわれは，異性のアイデンティティの発現を表出させたり表出させなかったりしている。そのように揺れることの「ないように」環境を整えるべきなのか，あるいはそのように揺れることの「できるように」環境を整えるべきなのか，こうした方向性の良し悪しはまた別の議論である。

（2）　割り当てられた性別とは異なる性同一性を「育む」環境

　では，前項で触れたように，遺伝的影響よりも環境的影響によって発現していくとされた性同一性障害の傾向であったが，発現した後，その性同一性を育んでいくには，どのような要因がかかわってくるのであろうか。

　本書では，第1章において，いかにして非典型的性的自己が医療化されてきたのかを概観し（第1章4節（1）），さらに，「治療すべき障害をもつ存在」がゆえに実施されてきた性同一性や身体への治療の効果を振り返った（第1章4節（2））。そこで見えてきたものは，非典型性を病理として扱い，その克服のため性同一性や身体に介入をし，治癒するという流れであった。本書では，この見方から脱却し，どのように自己を形成していくのかというアイデンティティモデルからのアプローチに立脚することによって，望みの性別で性的自己として生きるトランスジェンダーのあり方を探究した。

　そこで，アイデンティティモデルからアプローチするため，新たなジェンダー・アイデンティティ尺度を作成した（第3章1節（2））。そして，それを従属変数として，多岐にわたる指標を検討した。

　まず，これまでいわれてきた身体治療に対してであるが，それに対し"満足

している”という結果はこれまでもいわれてきたものの，性同一性に対する効果としてはこれまで明らかになっていないため，横断的に（第3章2節(1)），さらに縦断的に（第3章2節(2)）検討をした。その結果，トランス女性，トランス男性ともにホルモン療法には一部効果がみられたが，性別適合手術（SRS）については効果はみられなかった（トランス男性の場合は対象人数が少なかったためタイプⅡエラーを犯している可能性はあった）ため，その他の要因が自己の性別の一貫性を高めていったのだと考えられた。このことは，性同一性の形成のためには，身体治療以外の要因を探索する必要があることを示唆するものであり，これ以降，その他の要因ついて検討すべきであると考えられた。

　性同一性としばしば混在して理解されていたのが，「性役割」と「性的指向」である。

　そこで次に，典型的な性役割が，性同一性に関連するのか否か検討をした。その結果，ステレオタイプな性役割に同調することはジェンダー・アイデンティティと関連がなかった（第3章3節(1)）。次に典型的な性役割の呈示をすることについて検討したが，これはトランス女性とトランス男性とで異なる様相が確認された。すなわち，トランス男性において典型的性役割を呈示するということは，自己の性別の一貫性や他者との一致感を強めるものではなく，現実社会での男性としての適応感や男性としての展望性という文脈で意味を成すものであった。一方トランス女性の場合は，どの側面においても関連があり，説明率もトランス男性と比べて大きく，典型的な性役割の呈示をすることは，女性アイデンティティにとってかなり意味のあることのようである（第3章3節(2)）。この2つの性役割の検討から，価値観レベルの性役割ではなく，外見レベルで典型的な性役割を呈示することが，ジェンダー・アイデンティティに寄与していると示唆された。また，ホルモン療法やSRSは，社会現実的性同一性に関与していなかったが，こうした典型的性役割の呈示は，望みの性別で社会の中で適応的に生きていくことや，望みの性別でどうありたいのかという展望性に関するジェンダー・アイデンティティの側面に強く関連しているようであった。

次に性同一性と混在されてきた「性的指向」について検討したところ，トランス女性においては，女性への性的指向や両性への性的指向をもつ人よりも男性への性的指向をもつ人のほうがジェンダー・アイデンティティが有意に高かったが，トランス男性においては，その傾向は見出されなかった（第3章4節(1)）。さらにパートナーの存在については，唯一トランス男性の展望的性同一性のみ，受容的なパートナーがいることで有意に高かったが，基本的には，受容的なパートナーがいる人のジェンダー・アイデンティティがパートナーがいない人よりも高いという傾向はみられなかった（第3章4節(2)）。したがって，性的指向とジェンダー・アイデンティティの関連については，トランス女性にのみ有意であり，さらに「実際の」パートナーの存在よりも「観念的な」男性への性的指向があることがジェンダー・アイデンティティの高さと関連していた。

　では，性的な関係にはない他者がジェンダー・アイデンティティに及ぼす影響はあるのであろうか。第3章5節で検討をした。その結果，トランス女性とトランス男性とで異なるパス図が示されたが，トランス男性においてもトランス女性においても有意であったのが「職場・学校での受容」であった。特にトランス女性におけるパス係数の値は非常に大きかった。そして，トランス女性では「父母からの受容」が，トランス男性においては「友人からの受容」が性同一性の高さに寄与していることが特徴的であった。このことは一般的傾向としてトランス女性は，トランス男性に比して親からの受け入れが好ましくないため，親が重要な他者としてクローズアップされやすいという可能性があるのではないかと考察された。トランス男性の性同一性にとって重要となる他者関係が親ではなく友人であることについては，すでに親に受容されていることが多いため友人のほうが重要な他者としてクローズアップされやすい可能性や，20代の協力者が多かったことから，若年層のほうが友人からの評価が重大な意味をもつ可能性などが推察された。また，しばしば当事者は，見知らぬ他者から望みの性別として接されるかどうか，移行前の性別が分かられてしまわないかを非常に気にすることがあるが，これについてはトランス男性のみ有意であり，トランス女性においては「見知らぬ人からのパッシング」はジェンダー・

アイデンティティに寄与していなかった。「職場・学校での受容」や「父母からの受容」などがあれば、パッシングは、問題とならないのかもしれない。

　以上のように、職場や学校で女性としてあるいは男性として受容されるには、職場や学校自体の理解も重要であるが、また一方で、トランスジェンダー個人の受け止め方と対処法、すなわちストレスコーピング・スタイルも鍵を握ると考えられる。そこで計8種のストレスコーピング・スタイルについて検討したところ（第3章6節）、トランス女性、トランス男性ともに「肯定的解釈」がジェンダー・アイデンティティを高めていたが、基本的にはジェンダー差がみられ、トランス女性では「カタルシス」がジェンダー・アイデンティティを高め、またホルモン療法をしていると「情報収集」や「気晴らし」もジェンダー・アイデンティティを高める傾向があった。トランス男性では、「計画・立案」がジェンダー・アイデンティティを高めていた。こうした認知方略を通じて、トランスジェンダーは望みの性別での性同一性を安定して育んでいくと考えられる。

　このようにさまざまな指標を検討することによって、トランスジェンダーが性同一性を育むためには、ホルモン療法だけではなく、個人がもつ認知スタイル、個人の性役割の呈示、個人の対人関係が関連しており、本書ではそれら指標とジェンダー・アイデンティティとの関連の詳細について明らかにすることができたといえる。

　それでは、そのようにしてジェンダー・アイデンティティが高いことは、自尊心の高さにもつながるのであろうか。ジェンダー・アイデンティティに関する最終項（第3章7節）では、ジェンダー・アイデンティティと自尊感情の因果の方向性を検討した。その結果、トランス女性の場合は、ジェンダー・アイデンティティが高くなるとその後の自尊感情が高くなるという性的自己形成のプロセスであったが、トランス男性の場合は、先に自尊感情ありきであり、自尊感情が高くなると、男性としてのジェンダー・アイデンティティが高くなるというプロセスであった。

　この結果は、性役割との絡みで考察され（第3章7節）、環境圧が異なることが性的自己形成を育むにあたり影響を及ぼしており、トランス女性とトランス

男性がジェンダー化するための"要因"が異なっていることが再度強調された。具体的には性的自己形成における領域固有性・領域一般性から考察された。すなわち，社会的望ましさと男性役割パーソナリティが矛盾しないといわれているように，そのまま社会的に望ましいありようを示していれば，その後の男性アイデンティティも高くなることが考えられる。男性役割は女性役割と比して「性役割の典型性の画一さ」，「単純さ」，「複線性」がなく，トランス男性は"これが男性に典型"というものを示しにくいため，領域一般的な全体としての自己形成をした自尊感情の高い人ほど，その後の男性アイデンティティも高くなることが推察された。

　以上のように，割り当てられた性別とは異なる性別で性的自己を育む要因をみてきた。そしてその要因がジェンダーによって異なる様相をしていることが明らかとなった。それはたとえば，重要な他者として挙がる人の違いであったり，認知スタイルであったり，身体的治療の種類であったりとさまざまであった。男性が女性として生きていくということと，女性が男性として生きていくことの要因の相違こそ，「ある性別として生きていくとはどういうことか」を照らしてくれるといえる。

　また，ジェンダー・アイデンティティが高ければ高いほどよいということではないだろう。梶田（1994）が「健康なアイデンティティを考えるとき，揺るぎないものとして，しっかりと完璧に確立できたという意識を持っていることが健全さの指標ではなく，むしろ相対的な水準で『ほどよい』感覚として体験できていることが重要と思われる。相対化は，自我の統合——統合機能としてのアイデンティティの重要な側面なのである」と述べているように，ジェンダー・アイデンティティに関しても，今の自分の性別の在り方が"ほどよい"と感じられることが，健康さの指標のように思われる。

　「性同一性を育む」ことの目標は，この相対的な「ほどよさの体感」にあると考えられ，トランスジェンダー当事者がこの相対化を成し得るまでのプロセスに伴走するのが心理臨床においても求められているといえよう。

（3）　普遍的テーマとしての性同一性

　従来の研究結果を支持するものであるが，女性アイデンティティを十全にも
って生きていくことは，割り当てられた性別を移行しない女性であっても，移
行した女性であっても，困難である。それは，本書で繰り返し用いてきたジェ
ンダー・アイデンティティ尺度の得点から示唆されることだ。女性アイデンテ
ィティをもつことの困難さとは一体どういうことであろうか。

　中村（2005）は，「実際，日本人で，確固たるジェンダー・アイデンティテ
ィをもっている人がどれだけいるだろうか？」と問うている。

　女性アイデンティティをもつ者は，男性アイデンティティをもつ者と比較す
ると，この困難性に直面していると考えられる。女性役割の社会的変化に伴い，
「あなたは女性としてどう生きたいのか？」は，「あなたは男性としてどう生き
たいのか？」よりも社会で多く投げかけられる。この役割変化に矛盾を感じる
人や変化に対する社会の非受容を感じる人は，性同一性もまた揺れる。性同一
性に直面しなくても済んでいる男性というのは，男性として自律的にどう生き
るかを考える前に，すでに用意されている男性としてのあり方になんの自己矛
盾もない状況に置かれているに過ぎない。しかしこれも，女性役割の変化に伴
い男性役割の変化も共振的にもたらされることで変化するだろう。たとえば現
在，育休を取得する男性，介護離職をする男性が増加し，ケアをめぐる性役割
観の変化が生まれている。また，LGBT を代表とするさまざまなセクシュア
リティの顕在化が今後さらに進むにつれて，身近に多様な性を感じ，これまで
何も考えないで済んでいた男性たちも含め，誰もが性同一性に直面化する状況
へと変わっていくだろう。男性アイデンティティを自明の理として済ませる男
性たちばかりであった時代の終焉は近いかも知れない。

　性同一性は決して，トランスジェンダーだけのテーマではない。性役割も含
め，性が多様であることが可視化され，その個人差が実感される社会になれば
なるほど，性を生きる全ての人にとってより顕在化されるテーマとなる。どん
な状態であれば，自分がその性別としてほどよい同一感をもち，その性別で満

足して生きているという実感をもてるのかは，中村のいうように「作られた一種のフィクション」（中村，2005）であろう。私たちは，そのフィクションを日々紡ぎ，一貫した語りをすることで自己を形成し，保つ。

　性同一性は，自分の性別が一貫している，統一感がある，持続して同じであるという感覚のことを指す。社会的な役割変化が起これば，「女性とは男性とはこういうものだ」というステレオタイプが脆弱になり，同一感をもつモデルが失われ，アイデンティティはもちにくくなる。その時，共同フィクションで成り立っていた性同一性は，私たちの自己形成にとって不可欠なアイデンティティではなくなるであろうか。ジェンダー・アイデンティティというフィクションは消滅するのだろうか。あるいは新たなジェンダー・アイデンティティのあり方が創造されるのだろうか。性ある生を生きる〈実感〉や〈感覚〉は，すべての人が多様な性の一員であるという事実に社会が気づき，そして性別モデルの多様性が呈示されるにつれ，次の局面に入ることになるだろう。

2　多様で流動的な性別のあり方

　第3章8節では，新たな性同一性のカテゴリである「X」について検討を試みた。その結果，従来，男性でもなく女性でもない性別に同一化するものは，アイデンティティ拡散であると捉えられてきたが，必ずしもそうとは言い切れず，今のXの状態は好ましくないとする「過渡型」の人たちもいるものの，「揺曳型」の一部や「積極型」の一部にみられるように，男性にも女性にも回収されず，既存の価値観に絡めとられることない自らの性別としてのありようを創造する様を明らかにすることができた。FTXやMTXは必ずしも不適応であったり，一時的な状態であったりするとは限らず，1つの固定的な性同一性として形成しうるものであることが示された。

　西平（1993）は，「アイデンティティとは〈プロセス〉であり〈運動〉であって，それはいってみれば，古い自分を保持し一貫すること，より新しい自分へと再生してゆくこととのズレによって，またそのズレを生み出しながらバラ

ンスを取ってゆこうとする運動として，理解されてくる」と述べている。本書ではアイデンティティの中でもジェンダー・アイデンティティに着目しているが，「揺曳型」や「積極型」の一部の人たちは，まさにこうした〈プロセス〉と〈運動〉の渦中にいると思われる。こうした人たちは，性同一性を今まさに生き生きとした感覚で，意味をもった実感として，そしてそういう自己の存在感として感じているところなのではないだろうか。また，西平（1993）は，「アイデンティティとは，その最も中核の意味合いにおいては，アイデンティティの感覚であり，それは研究者の視座からみた言葉ではなく，生きた本人の感覚を，内側から，存在感の次元において，自我親和的に，受け入れたところに成り立つ感覚＝実感として，理解されてくるのである」とも述べている。

　Ｘとしてのジェンダー・アイデンティティを自己受容的に自由記述していた人々は，まさに“自分の言葉で”自分の性的ありようについて表現をしてくれ，存在の次元で自己の性を感じつつ，プロセスを生きているのではないかと思われた。

＊　　＊　　＊　　＊　　＊

　このように，動的，量的，多次元的アプローチによって明らかとなったことは，新たな性別観であった。

1）性同一性は，男性，女性だけでなくＸジェンダーもあり，１つの固定的なジェンダー・アイデンティティとして形成しうる。
2）性別違和と異性帰属の発現には，発達するにつれ遺伝よりも環境の影響が大きくなっていく。
3）異性のアイデンティティを育むには，単に医学的な身体治療をしただけでは難しい。認知スタイル，性役割の呈示，対人関係などの複合要因があり，さらにトランス女性とトランス男性とで異なるジェンダー化要因が存在している。

性同一性のカテゴリは２つではない。遺伝も固定的な影響ではない。異性のアイデンティティも環境次第で問題なく形成されていく。本書で強調されたこうした３点の知見は，性的自己の形成についての本質的な原則であると考えられる。

　性別は多様であるばかりか，幼少期に揺れのなかった性同一性も青年期・成人期になって大きく揺れることがあり（第２章１節（３）「性同一性障害傾向の性差と発達差の意味」），「男」，「女」という固定的で単純なありようでは表現しきれない，より流動的で複雑なプロセスがあることが本書で明らかとなった。それに対してどのような環境が整えられるべきなのかについては，本書では端緒についたばかりであるが，少なくとも，今後は，こうした多様性と流動性を考慮に入れた，多次元的で動的な把握と検討が求められるだろう。

●●注
　1）2010年以降，「性同一性障害という障害」をもつ児童・生徒については，望みの性別で対応するようにと通知を出すようになったことについては本書で言及した。

あ と が き

　本書は，慶應義塾大学大学院社会学研究科に提出し受理された平成21年度（2009年）学位請求論文「性的自己の非典型性における発達機序と形成　〜多次元動的ジェンダー・アイデンティティモデルからみた性同一性障害／トランスジェンダー〜」を元に書かれました。

　各章各項で元となった論文（あるいは学会発表）は，以下となります。

序章　「ある性別として生きる」とはどういうことか　──新たな性別観呈示のために
　　佐々木掌子（2008）性同一性障害と心理臨床，臨床心理学，金剛出版，8(3)，341-347.
　　佐々木掌子（2016a）セクシュアル・マイノリティの諸概念，精神療法，42(1)，金剛出版，9-14.

第1章　これまでの性別観はどのようにつくられてきたか　──本書の背景
　　佐々木掌子（2006）ジェンダー・アイデンティティと教育　──性的自己形成における遺伝と環境──　三田哲学会誌「哲学」，第115集，305-336.

第2章　研究Ⅰ　双生児データによる性同一性障害傾向の発達メカニズム
　　佐々木掌子・野中浩一・尾崎幸謙・高橋雄介・敷島千鶴・山形伸二・安藤寿康（2009a）わが国における性別違和と異性帰属の得点分布　──双生児データによる性同一性障害傾向の有症割合──　日本性科学会雑誌（日本性科学会），27(1)，49-59.
　　佐々木掌子・山形伸二・敷島千鶴・尾崎幸謙・安藤寿康（2009b）性役割パーソナリティ（BSRI）の個人差に及ぼす遺伝的性差・環境的性差　心理学研究（日本心理学会），80(4)，330-338.
　　Sasaki, S.（2010）Developmental change of genetic influence contributing

to GID tendency. CARLS Series of Advanced Study of Logic and Sensibility Vol. 3 Keio University Press 193-199.

Sasaki, S., Ozaki, K., Yamagata, S., Takahashi, Y., Shikishima, C., Kornacki, T., Nonaka, K., & Ando, J. (2016b) Genetic and Environmental influences on Traits of Gender identity disorder: A Study of Japanese Twins across Developmental Stages. Archives of Sexual Behavior, 45, 1681-1695.

第3章　研究Ⅱ　多様な性同一性の形成

1　性同一性の測定法

佐々木掌子・尾崎幸謙（2007a）ジェンダー・アイデンティティ尺度の作成，パーソナリティ研究（日本パーソナリティ心理学会），15(3)，251-265.

2　身体への医学的介入とジェンダー・アイデンティティの関連

佐々木掌子（2007b）性同一性障害当事者におけるジェンダー・アイデンティティと典型的性役割との関連，心理臨床学研究（日本心理臨床学会），25(2)，240-245.

佐々木掌子（2007c）性同一性障害の心理的・社会的適応に関する研究──ホルモン療法・手術療法の心理的効果──，研究助成論文集（明治安田こころの健康財団），第42集，129-135.

3　典型的性役割とジェンダー・アイデンティティの関連

佐々木掌子（2007b）性同一性障害当事者におけるジェンダー・アイデンティティと典型的性役割との関連，心理臨床学研究（日本心理臨床学会），25(2)，240-245.

佐々木掌子（2007d）トランスジェンダーの性的自己形成に関する研究──ジェンダー・アイデンティティに寄与する要因──，日本＝性研究会議会報（財団法人日本性教育協会），19(1)，24-36.

4　性的指向の諸側面

Sasaki, S. (2011) Influential factors on within-person fluctuation in sexual orientation of the transgendered in Japan. Thirty-Seventh Annual Meeting of International Academy of Sex Research, UCLA, Los Angeles, California, United States of America, August 10-13.

Sasaki, S. (2010) Within-person fluctuation in sexual orientation of the

Transgendered in Japan. 11th Asia-Oceania Conference for Sexology, Discovery Kartika Plaza Hotel, Tuban, Bali, Indonesia, August 4～7.

5　他者や社会からの受容とジェンダー・アイデンティティの関連
博士論文初出

6　ストレスコーピング・スタイルとジェンダー・アイデンティティの関連
佐々木掌子（2011）性同一性障害当事者におけるジェンダー・アイデンティティを高めるストレス・コーピングスタイル，心理臨床学研究（日本心理臨床学会），29(3)，269-280.

7　ジェンダー・アイデンティティと自尊感情の因果の方向性
佐々木掌子・尾崎幸謙（2007）縦断データによるジェンダー・アイデンティティと自尊心における因果の方向性　第9回 GID（性同一性障害）学会　所沢市民文化センター　ミューズ・埼玉

8　規定されないものとしてのジェンダー・アイデンティティ
佐々木掌子（2010）規定されないものとしてのジェンダー・アイデンティティ　──MTX と FTX の質的分類──　第12回 GID（性同一性障害）学会　札幌医科大学・北海道　3/20～21.
佐々木掌子（2016c）規定されないものとしてのジェンダー・アイデンティティ　Label X（編）X ジェンダーって何？──日本における多様な性のあり方，緑風出版.

終章　これからの性別観　──総合考察
博士論文初出

　博士論文作成にあたって，多くの方々のお世話になりました。直接ご指導いただいたりご協力いただいたりした方々について挙げます。博士論文の主査である安藤寿康先生（慶應義塾大学教授），副査である伊藤美奈子先生（元慶應義塾大学教授，現奈良女子大学教授），同じく副査である阿部輝夫先生（あべメンタルクリニック院長）には，博論を何度もご査読いただき，多くのご指導をいただきました。
　双子調査に関しては，安藤先生が主宰されている慶應義塾双生児研究（KTS: Keio Twin Study）グループの研究者・研究員・学術補助員の皆様，

協力してくださった双子の皆様，保護者の皆様のおかげで実証データを得ることができました。大学院の先輩である敷島千鶴先生（帝京大学教授）からは双子研究だけではなく研究姿勢についても学ばせていただきました。

　トランスジェンダー調査に関しては，阿部輝夫先生，針間克己先生（はりまメンタルクリニック院長），塚田攻先生（彩の国みなみのクリニック院長），中塚幹也先生（岡山大学教授），佐藤俊樹先生（さとうクリニック院長），牛島定信先生（東京慈恵医科大学客員教授），岩谷泰志先生（いわたにクリニック院長），堀口貞夫先生（主婦会館クリニック院長）と多くの医師から調査協力とご助言をいただきました。そして，545名のトランスジェンダーの当事者の皆様方がご協力くださいました。質問項目の多い調査であるにもかかわらず，真摯にご回答くださり，とても有難かったです。伏して御礼申し上げます。トランスジェンダー当事者にとって意義ある書籍となっていたらと願うばかりです。

　統計については，尾崎幸謙先生（筑波大学准教授）から御助言を賜り，いつも的確な指導をいただきました。

　博士号授与から7年も経過してしまいましたが，学術書として出版することができたのは，ひとえに私にお声を掛けてくださった晃洋書房の編集者である吉永恵利加さんのご尽力によるものです。加筆訂正する箇所の多さやまだ受理されていなかった論文待ちなどで，なかなか本書を仕上げる目処を立てられなかった私を折に触れて励ましてくださいました。細かな確認なども含め編集者としての能力をいかんなく発揮してくださり，吉永さんのおかげで本書を作り上げることができました。本当にありがとうございました。

　博士号取得の翌年，ポストドクターとしてトロント大学のジェンダー・アイデンティティ・サービスに留学し，小児期・思春期・青年期の子どもたちに対する臨床と研究について学ぶ機会を得ました。帰国すると，行政機関やマスコミなどがこのテーマに関心を高めている状況になっていました。さまざまな機関から講演や原稿の依頼を受けるようになり，社会が理解したいと願う時代が来たという大きな変化を感じます。そして「性の多様性」という言葉が徐々に認識されつつあることを実感してもいます。本書で明らかにした動的・量的・

182

多次元的視点こそが，一人ひとり異なる多様なセクシュアリティの把握に寄与すると捉え，その軸をぶらさずにカウンセリングの仕事や今後の知見生成を続けていきたいと思っています。

　最後に。本書における最初の調査は2003年に行いました。戸籍上の性別を変更できるようになる特例法が成立する真っ只中のことです。上川あやさん（世田谷区議会議員）をはじめとするトランスジェンダーの友人たちの生き方や活躍や努力が私を研究へと駆り立てた大きな動因でした。協力してくださったトランスジェンダーの方々に調査の結果報告をしたあとの反応も，研究へと向かわせました。「私たちのことは研究することがいっぱいあるから，頑張ってほしい」，「こんなにちゃんと研究してくれると思わなかった。今後も協力したい」といった言葉を学会で直接言ってくださった方もいますし，電子メールでそう書いてくれた方もいます。

　本書がどのように当事者に読んでいただけるのか不安ではありますが，当事者性にかかわらず，少しでもトランスジェンダーの理解に寄与するものとなっていることを願ってやみません。

　　2017年2月

　　　　　　　　　　　　　　　　　　　　　佐々木掌子

引 用 文 献

阿部輝夫（1999）性同一性障害関連疾患191例の臨床報告 ——統計分析と今後の問題点—— 臨床
精神医学, 28, 373-381.

Abraham, F. (1931) Genitalumwandlung an zwei männlichen Transvestiten. *Zeitschrift für
Sexualwissenschaft und Sexualpolitik,* 18, 223-226.

Abramowitz, S. (1986) Psychosocial outcomes of sex reassignment surgery. *Journal of Consult-
ing and Clinical Psychology,* 54, 183-189.

秋山俊夫・板井修一（1986）身体像に関する研究 ——青年期女性の性同一性を中心にして—— 福
岡教育大学紀要, 36, 151-160.

Aiken, L. S., & West, S. G. (1991) *Multiple regression: Testing and interpreting interactions.*
Newbury Park, CA: Sage Publications.

Alanko, K., Santtila, P., Harlaar, N., Witting, K., Varjonen, M., Jern, P., ... Sandnabba, N. K. (2010)
Common genetic effects of gender atypical behavior in childhood and sexual orientation in
adulthood: A study of Finnish twins. *Archives of Sexual Behavior,* 39, 81-92.

Althof, S. E., Lothstein, L. M., Jones, P., & Shen, J. (1983) An MMPI subscale (Gd): To identify
males with gender identity conflicts. *Journal of Personality Assessment,* 47, 42-49.

Anchersen, P. (1956) Problems of transvestism. *Acta Psychiatrica Scandinavica,* 106, 249-256.

Aitken, M., Steensma, T. D., Blanchard, R., VanderLaan, D. P., Wood, H., Fuentes, A., ... Zucker,
K. J. (2015). Evidence for an altered sex ratio in clinic-referred adolescents with gender
dysphoria. *Journal of Sexual Medicine,* 12, 756-763.

青木紀久代（1991）女子中学生における性同一性の形成 心理学研究, 62, 102-105.

安藤寿康（2000）心はどのように遺伝するか ——双生児が語る新しい遺伝観—— ブルーバックス
講談社

安藤寿康（2001）第3部 遺伝・環境問題への新しいアプローチ ——行動遺伝学の中の双生児法
（双生児研究の盛衰） 詫摩武俊・天羽幸子・安藤寿康（共著） ふたごの研究 ——これまでと
これから—— ブレーン出版 285-388.

東清和・今津芳恵（1999）男性性・女性性と社会的自尊感情との関連性 早稲田大学大学院教育学研
究科紀要, 10, 1-11.

東清和（2001）性同一性カテゴリーと自尊感情との関連性 ——伝統一致モデルの検証—— 早稲田
大学教育学部 学術研究（教育心理学編）, 50, 1-12.

馬場安希（1997）女性役割としての美・従順の葛藤構造 性格心理学研究, 6, 69-70.

Bailey, J. M., Dunne, M. P., & Martin, N. G. (2000) Genetic and environmental influences on
sexual orientation and its correlates in an Australian twin sample. *Journal of Personality
and Social Psychology,* 78, 524-536.

Bandura, A. (1977) *Social learning theory,* Englewood Cliffs, NJ: Prentice Hall.

Barlow, D. H., Reynolds, E. J., & Agras, W. S. (1973) Gender identity change in a Transsexual.
Archives of General Psychiatry, 28, 569-576.

Barlow, D. H., Abel, G. G., & Blanchard, E. B. (1979) Gender identity change in Transsexuals.
Follow-up and replications. *Archives of General Psychiatry,* 36, 1001-1007.

Bem, S. L. (1974) The measurement of psychological androgyny. *Journal of Consulting and*

Clinical Psychology, 42, 155-162.

Bem, L. (1993) *The lenses of gender: Transforming the debate on sexual inequality.* Yale University Press.（福富護（訳）1999　ジェンダーのレンズ　──性の不平等と人間性発達──　川島書店）

Benjamin, H. (1953) Transvestism and Transsexualism. *International Journal of Sexology,* 7, 12-14.

Benjamin, H. (1966) *The transsexual phenomenon.* New York: Julian Press.

Bentz E-K, Hefler L. A., Kaufmann U., Huber J. C., Kolbus A., Tempfer C. B. (2008) A polymorphism of the CYP17 gene related to sex steroid metabolism is associated with female-to-male but not male-to-female transsexualism. *Fertility and Sterility,* 90, 56-59.

Berenbaum, S. A. & Bailey, J. M. (2003) Effects on gender identity of prenatal androgens and genital appearance: evidence from girls with congenital adrenal hyperplasia. *The Journal of Clinical Endocrinology and Metabolism,* 88, 1102-1106.

Blanchard, R., & Freund, K. (1983) Measuring masculine gender identity in females. *Journal of Consulting and Clinical Psychology,* 51, 205-214.

Blanchard, R., Steiner, B. W., & Clemmensen, L. H. (1985) Gender dysphoria, gender reorientation, and the clinical management of transsexulalism. *Journal of Consulting and Clinical Psychology,* 53, 295-304.

Blanchard, R., & Klassen, P. (1997) H-Y antigen and homosexuality in men. *Journal of Theoretical Biology,* 185, 373-378.

Buhrich, N., Bailey, M., & Martin, G. (1991) Sexual orientation, sexual identity, and sex-dimorphic behaviors in male twins. *Behavior Genetics,* 21, 75-96.

Bullough, V. L. (1975) Transsexualism in history. *Archives of Sexual Behavior,* 4, 561-571.

Burke, P. J., Stets, J. E., & Pirog-good, M. A. (1988) Gender identity, self-esteem, and physical and sexual abuse in dating relationships. *Social Psychology Quarterly,* 51, 272-285.

Bradley, S. J, Oliver, G. D., Chernick, A. B. & Zucker, K. J. (1998) Experiment of nurture: Ablatio penis at 2 months, sex reassignment at 7 months and a psychosexual follow-up in young adulthood. *Pediatrics,* 102, 91-95.

Buhrich, N., Bailey, J. M. & Martin, N. G. (1991) Sexual orientation, sexual identity, and sex-dimorphic behaviors in male twins. *Behavior Genetics,* 21, 75-96.

Bussey, K. & Bandura, A. (1999) Social cognitive theory of gender development and differentiation. *Psychological Review,* 106, 676-713.

Burri, A., Cherkas, L., Spector, T. & Rahman, Q. (2011) Genetic and environmental influences on female sexual orientation, childhood gender typicality and adult gender identity. *PloS One,* e21982.

Butler, J. (1990) *Gender trouble: Feminism and the subversion of identity.* New York: Routledge, Chapman & Hall, Inc.（竹村和子（訳）1999　ジェンダー・トラブル　フェミニズムとアイデンティティの攪乱　青土社）

Carroll, L. & Gilroy P. J. (2002) Transgender issues in counselor preparation. *Counselor Education & Supervision,* 41, 233-242.

Cauldwell, D. O. (1950) *Questions and answers on the sex life and sexual problems of trans-Sexuals,* Girard, KS: Haldeman-Julius Publications.

Charatan, B. & Galef, H. (1965) A case of transvestism in a six-year-old boy. *Journal of the*

Hillside Hospital, 14, 160-177.

Chiland, C. (2000) The psychoanalyst and the transsexual patient. *International Journal of Psychoanalysis,* 81, 21-35.

Chung, W. C. J., De Vries, G. J., & Swaab, D. F. (2002) Sexual differentiation of the bed nucleus of the stria Terminalis in humans may extend into adulthood *The Journal of Neuroscience,* 22, 1027-1033.

Clark, M. M. & Galef, Jr. B. G. (1998) Effects of intrauterine position on the behavior and genital morphology of litter-bearing rodents. *Developmental Neuropsychology,* 14, 197-211.

Coates, S. (1990) Ontogenesis of boyhood gender identity disorder. *Journal of the American Academy of Psychoanalysis,* 18, 414-438.

Cohen, J. (1992) A power primer. *Psychological Bulletin,* 112, 155-159.

Cohen-Bendahan, C. C., Buitelaar, J., K., van Goozen, S. H., Orlebeke, J., F., & Cohen-Kettenis, P. T. (2005) Is there an effect of prenatal testosterone on aggression and other behavioral traits? A study comparing same-sex and opposite-sex twin girls. *Hormones and Behavior,* 47, 230-237.

Cohen-Kettenis, P. T. & Arrindell, W. A. (1990) Perceived parental rearing style, Parental divorce and transsexualism: A controlled study. *Psychological Medicine,* 20, 613-620.

Cohen-Kettenis, P. T. & Pfäfflin, F. (2003) *Transgenderism and intersexuality in childhood and adolescence: Making choices* (Developmental Clinical Psychology and Psychiatry46). CA: SAGE publication.

Colapinto, J. (2000) *As nature made him: The boy who was raised as a girl.* New York: HarperCollns. (村井智之 (訳) 2000 ブレンダと呼ばれた少年 無名舎)

Collier, M. C., O'Boyle, M., Emory, L. E., & Meyer, W. J. (1997) Comorbidity of gender dysphoria and other major psychiatric diagnoses. *Archives of Sexual Behavior,* 26, 13-26.

Coolidge, F., Thede, L. & Young S. (2002) The heritability of gender identity disorder in a child and adolescent twin sample. *Behavior Genetics,* 32, 251-257.

Coopersmith, S. (1967) *The antecedents of self-esteem.* San Francisco: Freeman.

Daskalos, C. T. (1998) Changes in the sexual orientation of six heterosexual male-to-female transsexuals. *Archives of Sexual Behavior,* 27, 605-614.

De Cuypere, G., T'Sjoen, G., Beerten, R., Selvaggi, G., De Sutter, P., Hoebeke, P., ... Rubens, R. (2005) Sexual and physical health after sex reassignment surgery. *Archives of Sexual Behavior,* 34, 679-690.

Dessens, A. B., Cohen-Kettenis, P. T., Mellenbergh, G. J., Poll., N., Koppe, J. G., & Boer, K. (1999) Prenatal exposure to anticonvulsants and psychosexual development. *Archives of Sexual Behavior,* 28, 31-44.

Dessens, A. B., Slijper, F. M., & Drop, S. L. (2005) Gender dysphoria and gender change in chromosomal females with congenital adrenal hyperplasia. *Archives of Sexual Behavior,* 34, 389-397.

de Vries, A. L. C., Doreleijers, T. A. H., & Cohen-Kettenis, P. T. (2007) Disorders of sex development and gender identity outcome in adolescence and adulthood: Understanding gender identity development and its clinical implications. *Pediatric Endocrinology Reviews,* 4, 343-351.

Diamond, M. (1982) Sexual identity, monozygotic twins reared in discordant sex roles and a

BBC follow-up. *Archives of Sexual Behavior,* 11, 181-186.

Diamond, M. (2002) Sex and gender are different: Sexual identity and gender identity are different. *Clinical Child Psychology & Psychiatry,* 7, 320-334.

Diamond, M. (2006) Biased-interaction theory of psychosexual development: "How does one know if one is male or female?" *Sex Roles,* 55, 589-600.

土肥伊都子 (1996) ジェンダー・アイデンティティ尺度の作成　教育心理学研究, 44, 187-194.

Drass, K. (1986) The effect of gender identity on conversation. *Social Psychology Quarterly,* 49, 294-301.

Drescher J., Cohen-Kettenis P. T., & Reed G. M. (2016) Gender incongruence of childhood in the ICD-11: controversies, proposal, and rationale. *Lancet Psychiatry,* 3, 297-304.

Edelmann, R. J. (1986) Adaptive training for existing male transsexual gender role: A case history. *The journal of Sex Reseach,* 22, 514-519.

Ehrhardt, A. A. & Baker, S. W. (1974) Fatal androgens, human central nervous system differentiation, and behavior sex differences. In Friedman, R. C., Richart, R. M., & Vande Wiele, R. L. (Eds.), *Sex differences in behavior,* 33-52. New York: Wiley.

Endendijk, J. J., Beltz, A. M., McHale, S. M., Bryk, K., & Berenbaum, S. A. (2016) Linking Prenatal Androgens to Gender-Related Attitudes, Identity, and Activities: Evidence From Girls With Congenital Adrenal Hyperplasia. *Archives of Sexual Behavior,* 45, 1807-1815.

遠藤久美・橋本宰 (1998) 性役割同一性が青年期の自己実現に及ぼす影響について　教育心理学研究, 46, 86-94.

Erikson, E. H. (1950) *Childhood and society.* New York: W. W. Norton & Company. (仁科弥生 (訳) (1977, 1980). 幼児期と社会1・2　みすず書房)

Erikson, E. H. (1959) *Identity and the life cycle.* New York: W. W. Norton & Company. (小此木啓吾 (編訳) (1973) 自我同一性　誠信書房)

Erikson, E. H. (1968) *Identity: Youth and crisis.* New York: W. W. Norton & Company. (岩瀬庸理 (訳) (1973) アイデンティティ　金沢文庫)

Fagot, B. I. (1977) Consequences of moderate cross-gender behavior in preschool children. *Child Development,* 48, 902-907.

Falconer, D. S. (1989) *Introduction to quantitative genetics* (3rd ed.). New York: Longman.

Fernández, R., Esteva, I., Gómez-Gil, E., Rumbo, T., Almaraz, M. C., Roda, E., ... Pásaro, E. (2014) The (CA) n polymorphism of ERβ gene is associated with FtM transsexualism. *Journal of Sexual Medicine,* 11, 720-728.

Finkel, S. E. (1995) Causal analysis with panel data. Thousand Oaks, CA: Sage

Freund, K., Langevin, R., Staterberg, J., & Steiner, B. (1977) Extension of the Gender Identity Scale for males. *Archives of Sexual Behavior,* 6, 507-519.

Freud, S. (1905) 性の理論に関する三つの論文 (安田徳太郎・安田一郎 (訳) 1957, 世界性学全集 第2巻　性と精神分析, 河出書房新社　7-107.)

Freud, S. (1925) 解剖学的な性の差別の心的帰結の二, 三について (懸田克躬・吉村博次 (訳) 1969, フロイト著作集第5巻, 人文書院　161-170.)

古橋忠晃 (2005) カウンセリングによって男性に対する同一感が消失した女性の1例　精神医学, 47, 909-911.

Garcia-Falgueras, A. & Swaab, D. F. (2008) A sex difference in the hypothalamic uncinate nucleus: relationship to gender identity, *Brain,* 131, 3132-3146.

Garden, G. M. & Rothery, D. J. (1992) A female monozygotic twin pair discordant for transsexualism: Some theoretical implications. *British Journal of Psychiatry*, 161, 852-854.

Golombok, S. & Fivush, R. (1994) *Gender development*. Cambridge; New York: Cambridge Press. (小林芳郎・瀧野揚三 (訳) ジェンダーの発達心理学 (1997) 田研出版)

Gooren, L. & Cohen-Kettenis, P. T. (1991) Development of male gender identity/role and a sexual orientation towards women in a 46, XY subject with an incomplete form of the androgen insensitivity syndrome. *Archives of Sexual Behavior*, 20, 459-470.

Green, R. (1974) *Sexual identity conflict in children and adults*. New York: Basic Books.

Green, R. (1987) *The "sissy boy syndrome" and the development of homosexuality*. New Haven, CT: Yale University Press.

Green R. & Fleming, D. T. (1990) Transsexual surgery follow-up: status in the 1990s. *Annual Review of Sex Reseach*, 1, 163-174.

Green, R. (2000) Birth order and ratio of brothers to sisters in transsexuals. *Psychological Medicine*, 30, 789-795.

Green, R. & Stoller, R. J. (1971) Two monozygotic (identical) twin pairs discordant for gender identity. *Archives of Sexual Behavior*, 1, 321-327.

Guillamon, A., Junque, C., & Gómez-Gil, E. (2016) A review of the status of brain structure research in transsexualism. *Archives of Sexual Behavior*, 45, 1615-1648.

Hamburger, C., Stürup, G. K., & Dahl-lversen, E. (1953) Transvestism; hormonal, psychiatric and surgical treatment. *Journal of the American Medical Association*, 152, 391-396.

Han, T. M. & De Vries, G. J. (1999) Neurogenesis of galanin cells in the bed nucleus of the stria terminalis and centromedial amygdala in rats: A model for sexual differentiation of neuronal phenotype. *Journal of Neurobiology*, 38, 491-498.

Hare, L., Bernard, P., Sánchez, F. J., Baird, P. N., Vilain, E., Kennedy, T. ... Harley, V. R. (2009) Androgen receptor repeat length polymorphism associated with male-to-female transsexualism, *Biological Psychiatry*, 65, 93-96.

針間克己 (1999) 性同一性障害の心理療法 馬場禮子・福島章・水島恵一 (編) 臨床心理学大系第19巻 人格障害の心理学 金子書房 282-302.

針間克己 (2000a) 性同一性障害に関する基本的用語及び概念への疑問と意見 日本性科学会雑誌 18(1), 19-23.

針間克己 (2000b) セクシュアリティの概念 公衆衛生, 64, 148-153.

針間克己 (2011) 性同一性って何ですか? (野宮亜紀・針間克己・大島俊之・原科孝雄・虎井まさ衛・内島豊) プロブレム Q & A 性同一性障害って何? ――― 一人一人の性のありようを大切にするために―――. 緑風出版.

Hay, W. M., Barlow, D. H., & Hay, L. R. (1981) Treatment of stereotypic cross-gender motor behavior using covert modeling in a boy with gender identity confusion. *Journal of Consulting and Clinical Psychology*, 49, 388-394.

Heil, M., Kavšek, M., Rolke, B., Beste, C., & Jansen, P. (2011) Mental rotation in female fraternal twins: Evidence for intra-uterine hormone transfer? *Biological Psychology*, 86, 90-93.

Henningsson, S., Westberg, L., Nilsson, S., Lundström, B., Ekselius, L., Bodlund, O., ... Landén, M. (2005) Sex steroid-related genes and male-to-female transsexualism. *Psychoneuroendocrinology*, 30, 657-664.

Hepp, U., Milos, G., & Braun-Scharm, H. (2004) Gender identity disorder and anorexia nervosa in male monozygotic twins. *International Journal of Eating Disorders, 35,* 239-243.

Heyes, S. C., & Leonard, S. R. (1983) Sex-related motor behavior: Effects on social impressions and social cooperation. *Archives of Sexual Behavior, 12,* 415-426.

Heylens, G., De Cuypere, G., Zucker, K. J., Schelfaut, C., Elaut, E., Vanden, Bossche, H., ... T'Sjoen, G. (2012) Gender identity disorder in twins: a review of the case report literature. *Journal of Sexual Medicine, 9,* 751-757.

東優子 (2000) ジェンダー指向をめぐる医療と社会 原ひろ子・根村直美 (編) 健康とジェンダー 明石書店

東優子 (2003) トランスジェンダーと性別と医療 竹村和子 (編) 思想読本〔10〕"ポスト" フェミ ニズム 作品社

東優子 (2005) 当事者に対する社会的支援 ——誰の,何を支援していくのか—— モダンフィジシ ャン, 25, 435-438.

Hirschfeld, M. (1910/1991) *Transvestites: The erotic drive to cross dress.* (M. A. Lombardi-Nash, Trans.) Buffalo, NY: Prometheus Books.

Hines, M., Ahmed, S., & Hughes, I. (2003) Psychological outcomes and gender-related development in complete androgen insensitivity syndrome. *Archives of Sexual Behavior, 32,* 93-101.

Hines, M. (2004a) Androgen and psychosexual development: core gender identity, sexual orientation, and recalled childhood gender role behavior in women and men with congenital adrenal hyperplasia. *Journal of Sex Research, 41,* 75-81.

Hines, M. (2004b) *Brain gender.* Oxford: Oxford University Press.

Hisasue, S., Sasaki, S., Tsukamoto, T., & Horie, S. (2012) The relationship between second-to-fourth digit ratio and female gender identity. *Journal of Sexual Medicine, 9,* 2903-2910.

Hoekzema, E., Schagen, S. E., Kreukels, B. P., Veltman, D. J., Cohen-Kettenis, P. T., Delemarre-van de Waal, H., & Bakker, J. (2015) Regional volumes and spatial volumetric distribution of gray matter in the gender dysphoric brain. *Psychoneuroendocrinology, 55,* 59-71.

Hyde, C., & Kenna, J. C. (1977) A male MZ twin pair, concordant for transsexualism, discordant for schizophrenia. *Acta psychiatrica Scandinavica, 56,* 265-275.

Imperato-McGinley, J., Peterson, R. E., Gautier, T., & Sturla, E. (1979) Androgens and the evolution of male-gender identity among male pseudohermaphrodites with 5 α reductase deficiency. *New England Journal of Medicine, 300,* 1233-1237.

石田英子 (1994) ジェンダ・スキーマの認知相関指標における妥当性の検証 心理学研究, 64, 417 -425.

伊藤美奈子 (1999) 個人と社会という観点からみた成人期女性の発達 岡本祐子 (編) 女性の生涯発 達とアイデンティティ ——個としての発達・かかわりの中での成熟—— 北大路書房

伊藤裕子 (1978) 性役割の評価に関する研究 教育心理学研究, 26, 1-11.

伊藤裕子・秋津慶子 (1983) 青年期における性役割観および性役割期待の認知 教育心理学研究, 31, 146-151.

伊藤裕子 (2000) 思春期・青年期のジェンダー 伊藤裕子 (編) ジェンダーの発達心理学 ミネルヴ ァ書房

伊藤裕子 (2001) 青年期女子の性同一性の発達 ——自尊感情,身体満足度との関連から—— 教育 心理学研究, 49, 458-468.

梶田叡一 (1994) 自己意識心理学への招待 ——人とその理論—— 有斐閣ブックス 有斐閣

上川あや (2007) 変えてゆく勇気 ——「性同一性障害」の私から—— 岩波新書

神村栄一・海老原由香・佐藤健二・戸ヶ崎泰子・坂野雄二（1995）対処方略の三次元モデルの検討と新しい尺度（TAC-24）の作成，教育相談研究，33，41-47.

狩野裕（1998）不適解の原因と処理：探索的因子分析，大阪大学人間科学部紀要，24，303-327.

柏木恵子（1972）青年期における性役割の認知Ⅱ　教育心理学研究，20，48-58.

加藤慶（2006）新聞メディアにおける性同一性障害表象　技術マネジメント研究，5，55-65.

Kavanaugh, J. G. & Volkan, V. D. (1978) Transsexualism and a new type of psychosurgery. *International Journal of Psychoanalytic Psychotherapy,* 7, 366-372.

Kinsey, A., Pomeroy, W. B., & Martin, C. E. (1948) *Sexual behavior in the human male.* W. B. Saunders Co.

Kinsey, A., Pomeroy, W. B., & Martin, C. E. (1953) *Sexual behavior in the human female.* W. B. Saunders Co.

Klein, F. (1978) *The Bisexual Option.* New York: The Haworth Press.（河野貴代美（訳）1997，バイセクシュアルという生き方，現代書館）

Knafo, A., Lervolino, A., & Plomin, R. (2005) Masculine girls and feminine boys: genetic and environmental contributions to atypical gender development in early childhood. *Journal of Personality and Social Psychology,* 88, 400-412.

Knoblauch, H., Busjahn, A., & Wegener, B. (2007) Monozygotic twins concordant for female-to-male transsexualism: A case report. *Archives of Sexual Behavior,* 36, 135-137.

児玉恵美（2009）性同一性障害の自我境界と自己イメージについて　心理臨床学研究，27(2)，230-236.

Kockott G. & Fahrner E. M. (1988) Male-to-female and female-to-male transsexuals: a comparison. *Archives of Sexual Behavior,* 17, 539-546.

Kohlberg, L. (1966) *A cognitive-developmental analysis of children's sex role concepts and attitudes.* In Maccoby, E. E., & D'andrade, R. G. (Ed.), *The development of sex differences,* Stanford, Calif.: Stanford University Press.（池上千寿子・河野貴代美（訳）1979，性差——その起源と役割——，家政教育社　131-253.）

小出寧（2001）性別受容性尺度の作成　実験社会心理学研究，40，129-136.

小島隆矢（2005）入門共分散構造分析の実際　朝野熙彦・鈴木督久・小島隆矢（共著）講談社

Kraemer, B., Noll, T., Delsignore, A., Milos, G., Schnyder, U., & Hepp, U. (2009) Finger length ratio (2D: 4D) in adults with gender identity disorder. *Archives of Sexual Behavior,* 38, 359-363.

Kruijver, F. P., Zhou, J. N., Pool, C. W., Hofman, M. A., Gooren, L. J., & Swaab, D. F. (2000) Male to female transsexuals have female neuron numbers in a limbic nucleus. *The Journal of Clinical Endocrinology & Metabolism,* 85, 2034-2041.

Kubie, L. S. (1974) The drive to become both sexes. *The Psychoanalytic Quarterly,* 80, 369-439.

Kubie, L. S. & Mackie, J. B (1968) Critical issues raised by operations for gender transmutations. *Journal of Mental Disease,* 147, 431-444.

Kuiper, B. & Cohen-Kettenis, P. (1988) Sex reassignment surgery: A study of 141 Dutch transsexuals. *Archives of Sexual Behavior,* 17, 439-457.

Kurian, G. & Kukreja, S. (1995) 16PF correlates of masculine gender identity: A preliminary report. *Psychological Studies,* 40, 175-178.

Kutchins, H. & Kirk, S. A. (1997) *Making us crazy: DSM — the psychiatric bible and the creation of mental disorders.* New York: Free Press.（高木俊介・塚本千秋（翻訳）(2002) 精神疾患は

つくられる：DSM 診断の罠　日本評論社)

Landen, M., Walinder, J., Hambert, G., & Lundstrom, B. (1998) Factors predictive of regret in sex reassignment. *Acta Psychiatrica Scandinavica, 97,* 284‐289.

Landen, M., Walinder, J. & Lundstrom, B. (1998) Clinical characteristics of a total cohort of female and male applicants for sex reassignment: A descriptive study. *Acta Psychiatrica Scandinavica, 97,* 189‐194.

Lawrence, A. (2003) Factors associated with satisfaction or regret following male-to-female sex reassignment surgery. *Archives of Sexual Behavior, 32,* 299‐315.

Leavitt, F., Berger, J. C., Hoeppner, J. A., & Northrop, G. (1980) Presurgical adjustment in male transsexuals with and without hormonal treatment. *The Journal of Nervous & Mental Disease, 168,* 693‐697.

LeVay S. (1991) A difference in hypothalamic structure between heterosexual and homosexual men. *Science, 253,* 1034‐1037.

Loehlin, J. C., Medland, S. E., & Martin, N. G. (2009) Relative finger lengths, sex differences, and psychological traits. *Archives of Sexual Behavior, 38,* 298‐305.

Lothstein, L. M. (1984) Psychological testing with transsexuals: a 30-year review. *Journal of Personality Assessment, 48,* 500‐507.

Maguen, S., Shipherd, J. C., & Harris, H. N. (2005) Providing culturally sensitive care for transgender patients. *Cognitive and Behavioral Practice, 12,* 479‐490.

Manning, J. T., Barley, L., Walton, J., Lewis-Jones, D. I., Trivers, R. L., Singh, D., ... Szwed, A. (2000) The 2nd: 4th digit ratio, sexual dimorphism, population differences, and reproductive success: Evidence for sexually antagonistic genes? *Evolution and Human Behavior, 21,* 163‐183.

Manning, J. T., Churchill, A. J. G., & Peters, M. (2007) The effects of sex, ethnicity, and sexual orientation on self-measured digit ratio (2D: 4D). *Archives of Sexual Behavior, 36,* 223‐233.

Manning, J. T., Henzi, P., Venkatramana, P., Martin, S., & Singh, D. (2003) Second to fourth digit ratio: Ethnic differences and family size in English, Indian and South African populations. *Annals of Human Biology, 30,* 579‐588.

Manning, J. T., Stewart, A., Bundred, P., & Trivers, R. T. (2004) Sex and ethnic differences in 2nd to 4th digit ratio of children. *Early Human Development, 80,* 161‐168.

Manning, J. T., & Taylor, R. P. (2001) Second to fourth digit ratio and male ability in sport: Implications for sexual selection in humans. *Evolution and Human Behavior, 22,* 61‐69.

Meyer, J. K. (1982) The theory of gender identity disorders. *Journal of the American Psychoanalytic Association, 30,* 381‐418.

Meyer, J. K., & Reter, D. J. (1979) Sex reassignment. Follow-up. *Archives of General Psychiatry, 36,* 1010‐1015.

Masica, D. N., Money, J. & Ehrhardt, A. A. (1971) Fetal feminization and female gender identity in the testicular feminizing syndrome of androgen insensitivity. *Archives of Sexual Behavior, 1,* 132‐142.

Marantz, S. & Coates, S. (1991) Mothers of boys with gender identity disorder: A comparison of matched controls. *Journal of the American Academy of Child and Adolescents Psychiatry, 30,* 310‐315.

松木邦裕 (1997) 摂食障害の治療技法　対象関係論からのアプローチ　金剛出版

松本真理子・村上英治（1985）女子青年の性同一性に関する研究 ——枠づけ面接法による接近の試み—— 心理臨床学研究, 2, 32-43.

松永千秋（2011）性同一性障害に対する精神療法の課題とその問題点 精神医学, 53(8), 763-768.

McDermid, S. A., Zucker, K. J., Bradley, S. J., & Maing, D. M. (1998) Effects of physical appearance on masculine trait ratings of boys and girls with gender identity disorder. *Archives of Sexual Behavior*, 27, 253-267.

McGue, M. (1992) When assessing twin concordance, use the probandwise not the pairwise rate. *Schizophrenia Bulletin*, 18, 171-176.

McGue, M. U., Bouchard, T. J., Iacono, W. G., & Lykken, D. T. (1993) Behavioral genetics of cognitive ability: A life-span perspective. In Plomin, R., & McClearn, G. E. (Eds.) *Nature, nurture & psychology*, 59-76 Washington, DC, US: American Psychological Association.

McKee, E. A., Roback, H. B., & Hollender, M. H. (1976) Transsexualism in two male triplets. *American Journal of Psychiatry*, 133, 334-337.

Méndez, J. P., Ulloa-Aguirre, A., Imperato-McGinley, J., Brugmann, A., Delfin, M., Chávez, B., ... Pérez-Palacios, G. (1995) Male pseudohermaphroditism due to primary 5 alpha reductase deficiency: Variation in gender identity reversal in seven Mexican patients from five different pedigrees. *Journal of Endocrinological Investigations*, 18, 205-213.

Meyer, J. K. & Reter, D. J. (1979) Sex reassignment. *Archives of General Psychiatry*, 36, 1010-1015.

Meyer-Bahlburg, H. F., Dolezal, C., Baker, S. W., Carlson, A. D., Obeid J. S., & New, M. I. (2004) Prenatal androgenization affects gender-related behavior but not gender identity in 5-12 year-old girls with congenital adrenal hyperplasia. *Archives of Sexual Behavior*, 33, 97-104.

Meyer-Bahlburg, H. F., Gruen, R. S., New, M. I., Bell, J. J., Morishima, A., Shimshi, M., ... Baker, S. W, (1996) Gender change from female to male in classical congenital adrenal hyperplasia. *Hormones and Behavior*, 30, 319-332.

Midence, K. & Hargreaves, I. (1997) Psychosocial adjustment in male-to-female transsexuals: An overview of the research evidence. *The Journal of Psychology*, 131, 602-614.

Miller, E. M. (1994) Prenatal sex hormone transfer: A reason to study opposite-sex twins. *Personality and Individual Differences*, 17, 511-529.

Mischel, W. (1966) A social-learning view of sex differences in behavior. In Maccoby E. E. & D'Andrade, R. G. (Eds) *The development of sex differences*. Stanford, CA: Stanford University Press.

Mischel, W. (1970) Sex-typing and socialization. In Mussen, P. H. (Ed), *Carmichael's manual of child psychology* (vol. 2) New York: Willy.

三橋順子（2006）第Ⅱ部 女装・同性愛に関する論考 第1章 現代日本のトランスジェンダー世界 ——東京新宿の女装コミュニティを中心に——, 第2章 「性転換」の社会史(1) ——日本における「性転換」概念の形成とその実態, 1950〜60年代を中心に——, 第3章 「性転換」の社会史(2) ——「性転換」のアンダーグラウンド化と報道, 1970〜90年代を中心に—— 矢島正見（編）中央大学社会科学研究所研究叢書…16 戦後日本女装・同性愛研究 中央大学出版部

三橋順子（2008）女装と日本人 講談社現代新書

三井宏隆（2003）ボディ・セルフ・アイデンティティ・セクシュアリティの心理学 ——「私が変わる」「私を変える」「社会が変わる」—— ナカニシヤ出版.

文部省（1999）学校における性教育の考え方, 進め方 ぎょうせい.

Money, J., Hampson, J. G., & Hampson, J. L. (1957) Imprinting and the establishment of gender role. *Archives of Neurology and Psychiatry*, 77, 333-336.

Money, J. (1965) *Sex research: New developments*. Holt, New York: Rinehart and Winston.

Money, J. & Ogunro, B. (1974) Behavioral sexology: Ten cases of genetic male intersexuality with impaired prenatal and pubertal androgenization. *Archives of Sexual Behavior*, 3, 181-205.

Money, J. & Tucker, P. (1975) *Sexual signatures: on being a man or a woman*. Little, Brown & Company. (朝山新一ほか (訳) 1979 性の署名：問い直される男と女の意味, 人文書院)

Money, J. (1994) The concept of gender identity disorder in childhood and adolescence after 39 years. *Journal of Sex and Marital Therapy*, 20, 163-177.

Money, J. (1995) Gendermaps: Social constructionism, feminism, and sexosophical history.

Money, J. (2002) *A first person history of Pediatric Psychoendocrinology*. New York: Kluwer academic Plenum Publishers.

森美加・高橋道子・牛島定信・中山和彦 (2005) 性同一性障害における性役割志向　臨床精神医学, 34(7), 951-957.

Mulaikal, M. R., Migeon, C. J. & Rock, J. A. (1987) Fertility rates in female patients with congenital adrenal hyperplasia due to 21-hydroxylase deficiency. *New England Journal of Medicine*, 316, 178-182.

Munsinger, H. & Rabin, A. (1978) A familiy study of gender identification. *Child development*, 49, 537-539.

村山航・及川恵 (2005) 回避的な自己制御方略は本当に非適応的なのか　教育心理学研究, 53(2), 273-286.

中村美亜 (2005) 心に性別はあるのか？　──性同一性障害のよりよい理解とケアのために──　医療文化社

中塚幹也・安達美和・佐々木愛子・野口総一・平松祐司 (2006) 性同一性障害の説明，ホルモン療法，手術療法を希望する年齢に関する調査，母性衛生, 46(4), 543-549.

Neale, M. C., & Cardon, L. R. (1992) *Methodology for genetic studies of twins and families*. London: Kluwer.

日本性教育協会 (2001)「若者の性」白書　第5回青少年の性行動全国調査報告　小学館

日本精神神経学会・性同一性障害に関する委員会 (2012) 性同一性障害に関する診断と治療のガイドライン（第4版）　精神神経学雑誌　114(11)　1250-1266.

西平直 (1993) エリクソンの人間学　東京大学出版会

野宮亜紀 (2004)「性同一性障害」を巡る動きとトランスジェンダーの当事者運動　──Trans-Net Japan（TSとTGを支える人々の会）の活動史から──　日本ジェンダー研究, 7, 75-91.

南野知惠子 (監修) (2004)【解説】性同一性障害者性別取扱特例法　日本加除出版.

O'Heron, C. A. & Orlofsky, J. L. (1990) Stereotypic and Nonstereotypic sex role trait and behavior orientations, gender identity, and psychological adjustment. *Journal of Personality and Social Psychology*, 58, 134-143.

Okabe N, Sato T, Matsumoto Y, Ido Y, Terada S, Kuroda S. (2008) Clinical characteristics of patients with gender identity disorder at a Japanese gender identity disorder clinic. *Psychiatry Research*, 157, 315-318.

及川卓 (2016) ジェンダーとセックス　精神療法とカウンセリングの現場から　弘文堂

小此木啓吾・及川卓 (1981) 性別同一性障害　懸田克躬（編）現代精神医学大系第8巻　人格障害・

性的異常　中山書店　pp. 233-273.

大谷恭平・氏家寛・佐藤俊樹・中塚幹也・佐々木愛子・HAO Lin …黒田重利（2006）性ホルモン関連遺伝子と性同一性障害，精神薬療研究年報，38，183-190.

Pasterski, V., Zucker, K. J., Hindmarsh, P. C., Hughes, I. A., Acerini, C., Spencer, D., ... Hines, M. (2015) Increased cross-gender identification independent of gender role behavior in girls with congenital adrenal hyperplasia: Results from a standardized assessment of 4-to 11-year-old children. *Archives of Sexual Behavior*, 44, 1363-1375.

Pfäfflin F., Junge A. (1998) Sex reassignment-thirty years of international follow-up studies. In: SRS: a comprehensive review, 1961-1991 (R. B. Jacobson & A. B. Meier, Trans.). Symposion. Publishing, Düsseldorf, Germany (original work published in 1992).

Perry, G. & Bussey, K. (1979) The social learning theory of sex difference: Imitation is alive and well. *Journal of Personality & Social Psychology*, 37, 1699-1712.

Pomeroy, W. (1975) The diagnosis and treatment of transvestites and transsexuals. *Journal of Sex & Marital Therapy*, 1, 215-224.

Price, J. (1985) Psychotherapy with transsexuals — Do we need a new approach? *Journal of Contemporary Psychotherapy*, 15, 5-19.

Putz, D. A., Gaulin, S. J. C., Sporter, R. J., & McBurney, D. H. (2004) Sex hormones and finger length: What does 2D:4D indicate? *Evolution and Human Behavior*, 25, 182-199.

Raag, T. & Rackliff, C. L. (1998) Preschoolers' awareness of social expectations of gender: Relationships to toy choices. *Sex Roles*, 38, 685-700.

Rakic, Z., Starcevic, V., Maric, J., & Kelin, K. (1996) The outcome of sex reassignment surgery in Belgrade: 32 patients of both sexes. *Archives of Sexual Behavior*, 25, 515-525.

Rametti, G., Carrillo, B., Gómez-Gil, E., Junque, C., Segovia, S., Gomez, Á., & Guillamon, A. (2011a) White matter microstructure in female to male transsexuals before cross-sex hormonal treatment. A diffusion tensor imaging study. *Journal of Psychiatric Research*, 45, 199-204.

Rametti, G., Carrillo, B., Gómez-Gil, E., Junque, C., Zubiarre-Elorza, L., Segovia, S., ··· Guillamon, A. (2011b) The microstructure of white matter in male to female transsexuals before cross-sex hormonal treatment. A DTI study. *Journal of Psychiatric Research*, 45, 949-954.

Rehman J., Lazer, S., Benet, A. E., Schaefer, L. C. & Melman, A. (1999) The reported sex and surgery satisfactions of 28 postoperative male to female transsexual patients. *Archives of Sexual Behavior*, 28, 71-89.

Reiner, W. G. & Gearhart J. P. (2004) Discordant sexual identity in some genetic males with cloacal exstrophy assigned to female sex at birth. *New England Journal of Medicine*, 350, 333-341.

Rekers, G. A., Mead, S. L., Rosen, A. C., & Brigham, S. L. (1983) Family correlates of male childhood gender disturbance. *Journal of Genetic Psychology*, 142, 31-42.

Roberts, W., Green, R., Williams, K., & Goodman, M. (1987) Boyhood gender identity development: A statistical contrast of two familiy groups. *Developmental Psychology*, 23, 544-557.

埼玉医科大学倫理委員会（1996）「性転換治療の臨床的研究」に関する審議経過と答申（資料1）改訂版性同一性障害の基礎と臨床　山内俊雄（編）（2004）新興医学出版社

Rosenberg, M. (1965) *Society and the adolescent self-image*. Princeton: Princeton University Press.

Ryan, B. C. & Vandenberg, J. G. (2002) Intrauterine position effects. *Neuroscience and Biobeha-*

vioral Reviews, 26, 665-678.

齊藤千鶴 (2004) 摂食障害傾向における個人的・社会文化的影響の検討　パーソナリティ研究, 13, 79-90.

斎藤久美子 (1983) 性アイデンティティ　岩波講座『精神の科学 5』175-220. 岩波書店.

佐々木掌子 (2006) ジェンダー・アイデンティティと教育　——性的自己形成における遺伝と環境—— 三田哲学会誌「哲学」, 第115集, 305-336.

佐々木掌子・尾崎幸謙 (2007a) ジェンダー・アイデンティティ尺度の作成, パーソナリティ研究 (日本パーソナリティ心理学会), 15(3), 251-265.

佐々木掌子 (2007b) 性同一性障害当事者におけるジェンダー・アイデンティティと典型的性役割との関連, 心理臨床学研究 (日本心理臨床学会), 25(2), 240-245.

佐々木掌子 (2007c) 性同一性障害の心理的・社会的適応に関する研究　——ホルモン療法・手術療法の心理的効果—— 研究助成論文集 (明治安田こころの健康財団), 第42集, 129-135.

佐々木掌子 (2007d) トランスジェンダーの性的自己形成に関する研究　——ジェンダー・アイデンティティに寄与する要因—— 日本＝性研究会議会報 (財団法人日本性教育協会), 19(1), 24-36.

佐々木掌子 (2008) 性同一性障害と心理臨床, 北山修 (責任編集) 特集号「性と性同一性」臨床心理学 (金剛出版), 8(3), 341-347.

佐々木掌子・野中浩一・尾崎幸謙・高橋雄介・敷島千鶴・山形伸二・安藤寿康 (2009a) わが国における性別違和と異性帰属の得点分布　——双生児データによる性同一性障害傾向の有症割合—— 日本性科学会雑誌 (日本性科学会), 27(1), 49-59.

佐々木掌子・山形伸二・敷島千鶴・尾崎幸謙・安藤寿康 (2009b) 性役割パーソナリティ (BSRI) の個人差に及ぼす遺伝的性差・環境的性差　心理学研究 (日本心理学会), 80(4), 330-338.

Sasaki, S. (2010) Developmental change of genetic influence contributing to GID tendency. *CARLS Series of Advanced Study of Logic and Sensibility* Vol. 3 Keio University Press 193-199.

佐々木掌子 (2011) 性同一性障害当事者におけるジェンダー・アイデンティティを高めるストレス・コーピングスタイル, 心理臨床学研究 (日本心理臨床学会), 29(3), 269-280.

佐々木掌子 (2015) 性同一性障害の身体治療として男性ホルモン療法を選択しない一例　日本性科学会雑誌 (日本性科学会), 33(1), 73-84.

佐々木掌子 (2016a) セクシュアル・マイノリティの諸概念, 精神療法, 42(1), 金剛出版, 9-14.

Sasaki, S., Ozaki, K., Takahashi, Y., Yamagata, S., Shikishima, C., Nonaka, K., & Ando, J. (2016b) Genetic and Environmental influences on Traits of Gender identity disorder: A Study of Japanese Twins across Developmental Stages. *Archives of Sexual Behavior,* 45, 1681-1695.

佐々木掌子 (2016c) 規定されないものとしてのジェンダー・アイデンティティ Label X (編) X ジェンダーって何？——日本における多様な性のあり方, 緑風出版.

佐藤俊樹・岡部伸幸・太田順一郎・大西勝・大谷恭平・氏家寛 (2003) 性同一性障害の双生児例, 同胞例　臨床精神医学, 32, 1419-1424.

Savic, I. & Lindström, P. (2008) PET and MRI show differences in cerebral asymmetry and functional connectivity between homo-and heterosexual subjects. *The National Academy of Sciences of the USA* (*PNAS*), 105, 9403-9408.

Savic, I & Arver, S. (2011) Sex dimorphism of the brain in male-to-female transsexuals. *Cerebral Cortex,* 21, 2525-2533.

Schneider, H. J., Pickel, J., & Stalla, G. K. (2006) Typical female 2nd-4th finger length (2D: 4D) ratios in male-to-female transsexuals-Possible implications for prenatal androgen exposure. *Psychoneuroendocrinology,* 31, 265-269.

Sadeghi, M., & Fakhrai, A. (2000) Transsexualism in female monozygotic twins: a case report. *Australia and New Zealand Journal of Psychiatry,* 34, 862-864.

Segal, N. L. (2006) Two monozygotic twin pairs discordant for female-to-male transsexualism. *Archives of Sexual Behavior,* 35, 347-358.

庄野伸幸（2001）心理検査からみた性同一性障害　ロールシャッハ法研究，5，29-42.

下條英子（1997）ジェンダー・アイデンティティ　──社会心理学的測定とその応用──　風間書房

Spence, J. T., Helmreich, R. L., & Stapp, J. (1975) Ratings of self and peers on sex role attributes and their relation to self-esteem and conceptions of masculinity and femininity. *Journal of Personality and Social Psychology,* 32, 29-39.

Spence, J. T. (1984) Gender identification and its implications for masculinity and femininity. In T. B. Sonderegger (ed), *Nebraska symposium on motivation: Psychology and gender,* 32, 59-95.

Stoller, R. J. (1976) Two feminized male American Indians. *Archives of Sexual Behavior* 5, 529-538.

Stoller, R. J. (1977a) Primary femininity. Female Psychology (Blum, H. P. (Ed)) New York: International University Press.

Stoller, R. J. (1977b) Gender Identity. In B. B. Wolman (Ed.) *International Encyclopedia of Psychiatry, Psychology, Psychoanalysis, and Neurology,* 5, 173-177.

Stoller, R. J. (1964) A contribution to the study of gender identity. *The International Journal of Psycho-analysis,* 45, 220-226.

鈴木督久（2005）入門共分散構造分析の実際　朝野熙彦・鈴木督久・小島隆矢（共著）講談社

Swaab, D. F., Gooren, L. J. G., & Hofman, M. A. (1992) Gender and sexual orientation in relation to hypothalamic structures. *Hormone Research,* 38, 51-61.

Tamres, L. K., Janicki, D., & Helgeson, V. S. (2002) Sex differences in coping behavior: A meta-analytic review and an examination of relative coping. *Personality and Social Psychology Bulletin,* 6, 2-30.

谷冬彦（2001）青年期における同一性の感覚の構造　──多次元自我同一性尺度（MEIS）の作成──　教育心理学研究，49，265-273.

谷冬彦（2004）アイデンティティの定義と病理的なアイデンティティの形成メカニズム　谷冬彦・宮下一博（編）さまよえる青少年の心　──アイデンティティの病理──　発達臨床心理学的考察　北大路書房　2-8.

鑪幹八郎（2002）ライフサイクルにおける男と女　鑪幹八郎著作集Ⅰ　アイデンティティとライフサイクル論　ナカニシヤ出版

The Sunday Telegraph (2014) Pregnant men: New statistics reveal men have given birth to 54 babies in Australia. 16th, November, 14.

Thigpen, A. E., Davis, D. L., Milatovich, A., Mendonca, B. B., Imperato-McGinley, J., Griffin, J. E., ... Russell, D. W. (1992) Molecular genetics of steroid 5 alpha-reductase 2 deficiency. *Journal of Clinical Investigation,* 90, 799-809.

Tsoi, W. F. (1990) Parental influence in transsexualism. *Singapore Medical Journal,* 31, 443-446.

鶴田幸恵（2009）性同一性障害のエスノグラフィ　──性現象の社会学──　質的社会研究シリーズ4　ハーベスト社

Tsur, H., Borenstein, A., & Seidman, D. S. (1991) Transsexualism. *Lancet*, 338, 945-946.

Turner, P. J., & Gervai, J. (1995) A multi-dimensional study of gender typing in preschool children and their parents: Personality, attitudes, preferences, behavior, and cultural differences. *Developmental Psychology*, 31, 759-772.

上野千鶴子 (2002) 差異の政治学　岩波書店

Ujike, H., Otani, K., Nakatsuka, M., Ishii, K., Sasaki, A., Oishi, T., ... Kuroda, S. (2009) Association study of gender identity disorder and sex hormone-related genes. *Progress in Neuro-Psychopharmacology and Biological Psychiatry*, 33, 1241-1244.

Van Beijsterveldt, C. E. M., Hudziak J. J. & Boomsma, D. I. (2006) Genetic and environmental influences on cross-gender behavior and relation to behavior problems: A study of Dutch twins at ages 7 and 10 years. *Archives of Sexual Behavior*, 35, 647-658.

van Kesteren, P. J., Gooren, L. J., & Megens, J. A. (1996) An epidemiological and demographic study of transsexuals in the Netherlands. *Archives of Sexual Behavior*, 25, 589-600.

von Krafft-Ebing, R. (1886) *Psychopathia Sexualis*, translated by Charles Gilbert Chaddock from the seventh German edition, F. A. Davis, Philadelphia.

Vuoksimaa, E., Kaprio, J., Kremen, W. S., Hokkanen, L., Viken, R. J., Tuulio-Henriksson, A., & Rose, R. J. (2010) Having a male co-twin masculinizes mental rotation performance in females. *Psychological Science*, 21, 1069-1071.

Wade, J. C. & Gelso, C. J. (1998) Reference group identity dependance scale: A measure of male identity. *The Counseling Psychologist*, 26, 384-412.

Wallien, M. S., Zucker, K. J., Steensma, T. D., & Cohen-Kettenis, P. T. (2008) 2D: 4D finger-length ratios in children and adults with gender identity disorder. *Hormones and Behavior*, 54, 450-454.

Williams, T. J., Pepitone, M. E., Christensen, S. E., Cooke, B. M., Huberman, A. D., Breedlove, N. J., ... Breedlove, S. M. (2000) Finger-length ratios and sexual orientation. *Nature*, 404, 455-456.

Wolfe, S. M. (1990) Psychopathology and psychodynamics of parents of boys with a gender identity disorder of childhood. Unpublished doctoral dissertation, New York: City University of New York.

Wood, H., Sasaki, S., Bradley, S. J., Singh, D., Fantus, S., Owen-Anderson, A. Di, ⋯ Zucker, K. J. (2013) Patterns of referral to a gender identity service for children and adolescents (1976-2011): Age, sex ratio, and sexual orientation [Letter to the Editor]. *Journal of Sex and Marital Therapy*, 39, 1-6.

World Professional Association for Transgender Health (2012) Standard of care for the health of transsexual, transgender, and gender-nonconforming people. (中塚幹也・東優子・佐々木掌子 (監訳)「トランスセクシュアル，トランスジェンダー，ジェンダーに非同調的な人々のためのケア基準」http://www.wpath.org/site_page.cfm?pk_association_webpage_menu=1351&pk_association_webpage=5099)

山本真理子・松井豊・山成由紀子 (1982) 認知された自己の諸側面の構造，教育心理学研究，30，64-68.

山科満 (1997) 青年期における女性性の発達　――「体は女，心は男」と訴える女性の精神療法――　精神分析研究，41，365-367.

山科満 (1999) 性同一性に悩む女性の精神療法過程　――防衛としての男性化願望――　精神分析研究，43，444-446.

吉野真紀・中平暁子・織田裕行・鈴木朋子・田近文・有木永子・木下利彦（2008）ロールシャッハテストからみた性同一性障害　心理臨床学研究, 26(1), 13-23.

湯川隆子（2001）第4章 性役割　無藤隆・高橋惠子・田島信元（編）発達心理学入門II ——青年・成人・老人　東京大学出版会

Zhou, J. N., Hofman, M. A., Gooren, L. J., & Swaab, D. F. (1995) A sex difference in the human brain and its relation to transsexuality. *Nature,* 378, 68-70.

Zucker, K. J. & Green, R. (1992) Psychosexual disorders in children and adolescents. *Journal of Child Psychology and Psychiatry,* 33, 107-151.

Zucker, K. J. & Bradley, S. J. (1995) *Gender identity disorder and psychosexual problems in children and adolescents.* New York/London: Guilford Press.

Zucker, K. J., Bradley, S. J., Oliver, G., Blake, J., Fleming, S., & Hood, J. (1996) Psychosexual development of women with congenital adrenal hyperplasia. *Hormones and Behavior,* 30, 300-318.

Zucker, K. J., Green, R., Coates, S., Zuger, B., Cohen-Kettenis, P. T., Zecca, G. M., ... Blanchard, R. (1997) Sibling sex ratio of boys with gender identity disorder. *Journal of Child psychological Psychiatry,* 38, 543-551.

Zucker, K. J., Linghbody, S., Pecore, K., Bradley, S. J., & Blanchard, R. (1998) Birth order in girls with gender identity disorder. *Europe Child and Adolescent Psychiatry,* 7, 30-35.

Zucker, K. J. (1999) Intersexuality and gender identity differentiation. *Annual Review of Sex Research,* 10, 1-69.

Zucker, K. J., Bradley, S. J., & Sanikhani, M. (1997) Sex differences in referral rates of children with gender identity disorder: Some hypotheses. *Journal of Abnormal Child Psychology,* 25, 217-227.

　ジェンダー・アイデンティティ尺度

　次の1〜15までの項目について，現在のあなた自身に当てはまると思われる数字
（1．全くあてはまらない，2．ほとんどあてはまらない，3．どちらかというと
あてはまらない，4．どちらともいえない，5．どちらかというとあてはまる，6．
かなりあてはまる，7．非常にあてはまる，のいずれか1つ）にそれぞれ○印をつ
けてください。

　なお，自分を女性だと思う方はAの列
　　　　自分を男性だと思う方はBの列
　　　　自分を両性またはどちらでもない性別だと思う方はCの列

　　　　　　　　　　　　　　　　　　の項目にそれぞれご回答ください。

〈問題例〉

A（女性）	B（男性）	C（両性・どちらでもない性）
女性と話すのは得意なほうではない。	男性と話すのは得意なほうではない。	両性だと思っている人あるいはどちらでもない性別だと思っている人と話すのは得意なほうではない。

A（女性）	B（男性）	C（両性・どちらでもない性）
1．過去において，自分の性別に自信がもてなくなったことがある。	1．過去において，自分の性別に自信がもてなくなったことがある。	1．過去において，自分の性別に自信がもてなくなったことがある。
2．自分が女性として望んでいることがはっきりしている。	2．自分が男性として望んでいることがはっきりしている。	2．自分が両性，もしくはどちらでもない性として望んでいることがはっきりしている。
3．現実の社会の中で，女性として自分らしい生き方ができると思う。	3．現実の社会の中で，男性として自分らしい生き方ができると思う。	3．現実の社会の中で，両性，もしくはどちらでもない性として自分らしい生き方ができると思う。
4．過去において，自分の性別をなくしてしまったような気がする。	4．過去において，自分の性別をなくしてしまったような気がする。	4．過去において，自分の性別をなくしてしまったような気がする。
5．自分が女性としてどうなりたいのかはっきりしている。	5．自分が男性としてどうなりたいのかはっきりしている。	5．自分が両性，もしくはどちらでもない性としてどうなりたいのかはっきりしている。
6．現実の社会の中で，女性として自分らしい生活が送れる自信がある。	6．現実の社会の中で，男性として自分らしい生活が送れる自信がある。	6．現実の社会の中で，両性，もしくはどちらでもない性として自分らしい生活が送れる自信がある。

〈回答例〉

	全くあてはまらない	ほとんどあてはまらない	どちらかというとあてはまらない	どちらともいえない	どちらかというとあてはまる	かなりあてはまる	非常にあてはまる
	1	2	3	4	5	6	7
	|_____|	_____|	_____|	_____|	_____|	_____(6)_____	|

	全くあてはまらない	ほとんどあてはまらない	どちらかというとあてはまらない	どちらともいえない	どちらかというとあてはまる	かなりあてはまる	非常にあてはまる
1.	1	2	3	4	5	6	7
2.	1	2	3	4	5	6	7
3.	1	2	3	4	5	6	7
4.	1	2	3	4	5	6	7
5.	1	2	3	4	5	6	7
6.	1	2	3	4	5	6	7

A（女性）	B（男性）	C（両性・どちらでもない性）
7．いつからか自分の性別がわからなくなってしまったような気がする。	7．いつからか自分の性別がわからなくなってしまったような気がする。	7．いつからか自分の性別がわからなくなってしまったような気がする。
8．自分が女性としてするべきことが，はっきりしている。	8．自分が男性としてするべきことが，はっきりしている。	8．自分が両性，もしくはどちらでもない性としてするべきことが，はっきりしている。
9．人に見られている自分の性別と本当の自分の性別は一致していないと感じる。	9．人に見られている自分の性別と本当の自分の性別は一致していないと感じる。	9．人に見られている自分の性別と本当の自分の性別は一致していないと感じる。
10．現実の社会の中で，女性として自分の可能性を充分に実現できると思う。	10．現実の社会の中で，男性として自分の可能性を充分に実現できると思う。	10．現実の社会の中で，両性，もしくはどちらでもない性として自分の可能性を充分に実現できると思う。
11．今のままでは次第に自分の性別がわからなくなっていくような気がする。	11．今のままでは次第に自分の性別がわからなくなっていくような気がする。	11．今のままでは次第に自分の性別がわからなくなっていくような気がする。
12．女性としての自分は，人には理解されないだろう。	12．男性としての自分は，人には理解されないだろう。	12．両性，もしくはどちらでもない性としての自分は，人には理解されないだろう。
13．女性として自分らしく生きてゆくことは，現実の社会の中では難しいだろうと思う。	13．男性として自分らしく生きてゆくことは，現実の社会の中では難しいだろうと思う。	13．両性，もしくはどちらでもない性として自分らしく生きてゆくことは，現実の社会の中では難しいだろうと思う。
14．自分の性別に迷いを感じることがある。	14．自分の性別に迷いを感じることがある。	14．自分の性別に迷いを感じることがある。
15．人前での自分の性別は，本当の自分の性別ではないような気がする。	15．人前での自分の性別は，本当の自分の性別ではないような気がする。	15．人前での自分の性別は，本当の自分の性別ではないような気がする。
16．今までの質問項目は，ＡＢＣのうちどの列を回答していましたか。○をつけてください。	16．今までの質問項目は，ＡＢＣのうちどの列を回答していましたか。○をつけてください。	16．今までの質問項目は，ＡＢＣのうちどの列を回答していましたか。○をつけてください。
17．生まれた時に割り当てられた性別は次のどれですか。○をつけてください。	17．生まれた時に割り当てられた性別は次のどれですか。○をつけてください。	17．生まれた時に割り当てられた性別は次のどれですか。○をつけてください。

	1 全くあてはまらない	2 ほとんどあてはまらない	3 どちらかというとあてはまらない	4 どちらともいえない	5 どちらかというとあてはまる	6 かなりあてはまる	7 非常にあてはまる
7.	1	2	3	4	5	6	7
8.	1	2	3	4	5	6	7
9.	1	2	3	4	5	6	7
10.	1	2	3	4	5	6	7
11.	1	2	3	4	5	6	7
12.	1	2	3	4	5	6	7
13.	1	2	3	4	5	6	7
14.	1	2	3	4	5	6	7
15.	1	2	3	4	5	6	7

16. （ A ・ B ・ C ）

17. （ 女性 ・ 男性 ）　→　性分化疾患を伴う場合は診断名・あるいは状態

（　　　　　　　　　　　　　　　　　　　　）

索　引

《著者紹介》

佐々木掌子 (ささき　しょうこ)

2005年　臨床心理士取得
2008年　慶應義塾大学大学院社会学研究科教育学専攻後期博士課程単位修得満期退学
2010年　博士号（教育学）取得
2010年　日本学術振興会特別研究員 PD
2011年　トロント大学留学
現　在　明治大学文学部心理社会学科臨床心理学専攻　准教授
　　　　慶應義塾大学医学部小児科　非常勤講師

主要業績

Sasaki, S., Ozaki, K., Takahashi, Y., Yamagata, S., Shikishima, C., Nonaka, K., & Ando, J. (2016) Genetic and Environmental influences on Traits of Gender identity disorder: A Study of Japanese Twins across Developmental Stages. *Archives of Sexual Behavior, 45*, 1681-1695.

佐々木掌子（2015）性同一性障害の身体治療として男性ホルモン療法を選択しない一例　日本性科学会雑誌（日本性科学会），33(1)，73-84.

佐々木掌子・平田俊明・金城理枝・長野香・梶谷奈生・石丸径一郎・松髙由佳・角田洋隆・柘植道子・葛西真記子（2012）アメリカ心理学会（APA）特別専門委員会における「性指向に関する適切な心理療法的対応」の報告書要約，心理臨床学研究（日本心理臨床学会），30(5)，763-773.

Wood, H., Sasaki, S., Bradley, S., Singh, D., Fantus, S., Owen-Anderson, A., Di Giacomo, A., Bain, J., & Zucker, K. (2012). Patterns of referral to a gender identity service for children and adolescents (1976-2011): Age, sex ratio, and sexual orientation. *Journal of Sex & Marital Therapy, 39*(1), 1-6.

トランスジェンダーの心理学
——多様な性同一性の発達メカニズムと形成——

2017年4月20日　初版第1刷発行	＊定価はカバーに
2022年1月25日　初版第3刷発行	表示してあります

著　者　　佐々木　掌　子 ©
発行者　　萩　原　淳　平
印刷者　　江　戸　孝　典

発行所　株式会社　晃　洋　書　房

〒615-0026　京都市右京区西院北矢掛町7番地
電話　075(312)0788番(代)
振替口座　01040-6-32280

カバーデザイン　高石 瑞希　　印刷・製本　共同印刷工業㈱
ISBN978-4-7710-2845-6